点亮亲子学院

培养有国际竞争力的中国孩子

超级祖父母的智慧育孙课

[日] 清水克彦·著　张宁·译

中国经济出版社
CHINA ECONOMIC PUBLISHING HOUSE
·北京·

图书在版编目（CIP）数据

超级祖父母的智慧育孙课 /（日）清水克彦著；张宁译．--北京：中国经济出版社，2022.1
（全球教子智慧书系）
ISBN 978-7-5136-6714-2

Ⅰ．①超… Ⅱ．①清… ②张… Ⅲ．①儿童教育-家庭教育 Ⅳ．①G782

中国版本图书馆 CIP 数据核字（2021）第 214609 号

ATAMA NO IIKO GA SODATSU SOFUBO NO SHUUKAN

First published in Japan in 2013 by PHP Institute, Inc.
Simplified Chinese translation rights arranged with PHP Institute, Inc.
through CREEK & RIVER CO., LTD. and CREEK & RIVER SHANGHAI CO., Ltd.

著作权合同登记号　图字：01-2017-J325

项目策划　崔姜薇
策划编辑　张　博
责任编辑　崔姜薇
责任印制　马小宾
封面设计　任燕飞装帧设计工作室
插画绘制　武旭彤

出版发行　中国经济出版社
印 刷 者　北京富泰印刷有限责任公司
经 销 者　各地新华书店
开　　本　880mm×1230mm　1/32
印　　张　6.625
字　　数　90 千字
版　　次　2022 年 1 月第 1 版
印　　次　2022 年 1 月第 1 次
定　　价　58.00 元
广告经营许可证　京西工商广字第 8179 号

中国经济出版社 **网址** www.economyph.com **社址** 北京市东城区安定门外大街 58 号 **邮编** 100011
本版图书如存在印装质量问题，请与本社销售中心联系调换（联系电话：010-57512564）

前言

在东京采访高考情况时，我注意到一个现象，很多接受采访的孩子的想法之所以比较理性，是因为他们同时受到了祖父母和父母的影响。

说实话，并不是每个考入知名高中的孩子都能很有逻辑地回答我的采访问题，有很多在学校和补习班里成绩优异的孩子，只会回答“是”或“不是”。

我发现，有的孩子措辞得体，对时事很关注，对未来的梦想也能娓娓道来，于是，我追问他们为何表现得如此优秀，结果得到了很意外的答案。

很多孩子是这样回答的：

“爷爷给我讲过原来日本很穷的时候的事。”

“奶奶说女人也需要工作。”

还有孩子说：

“我和爷爷玩儿的时候最开心。”

“外婆教过我成语，于是我就开始对成语感兴趣了。”

这让我深深地感受到，祖父母对孙辈的影响是如此之大。

当然，我采访的家庭大多数都是所谓的“核心家庭”，也就是由父母二人及他们的孩子，或单亲父母及其孩子组成的两代人家庭。

根据厚生劳动省[1]发布的《国民生活基础调查结果》，接受调查的家庭将近六成是核心家庭。

东京市民的住房情况也反映出，现在三代人同住的情况已经非常少了，大多数家庭都是父母和其未成年的孩子生活在一起，考入知名高中的孩子所在的家庭也不例外。

即便如此，孙辈能这样回答，也说明虽然他们和祖父母接触的机会不多，但孙辈仍然记得祖

① 负责医疗卫生和社会保障的政府部门。

父母说过的话，而且受到了不小的影响。

我的拙作《爸爸习惯好，孩子成绩好》和《教育孩子，父母的对话内容很重要》两本书中都提到了“和祖父母的相处”是影响孙辈成长的重要因素，这个观点得到了很多读者的赞同，于是，我动笔写了这本书。

为什么这么说呢？基于和祖父母相处方式的不同，孙辈既有可能受到好的影响，也有可能受到不好的影响。

如今，我们经常在媒体上和商业活动中看到“超级祖父母”这个词语。

超级祖父母，即积极参与养育孙辈的祖父母。一方面，祖父母很关心孙辈的成长，积极地想要参与其中，这是非常值得肯定的事。另一方面，我们身边也确实存在**“对育儿插嘴太多的祖父母”和“想在培养孙辈上挽回自己培养子女的失败的祖父母”**，他们的行为给孙辈的父母造成了很大的困扰，有时还会把孙辈引到错误的道路上去，或者造成不必要的家庭秩序的混乱，这些也都是事实。

孙辈处于婴幼儿阶段，祖父母的年龄一般在55岁到65岁之间，还是很“年轻”的。有的祖父母仍在企业或社会团体等组织里兢兢业业地工作；有的祖父母虽然已经退休了，但还有“想干点儿什么”“想找点儿事情做”的想法。

“年轻”的祖父母有行动力和财力，他们能为孙辈做到的事情可能连孙辈的父母都做不到，所以，有时他们觉得“没什么大不了”的言语或行动，却成了对孙辈的溺爱。

此外，爷爷奶奶、外公外婆[①]这两方老人，和孙辈的相处方式会有所不同；孙辈是和祖父母同住，还是分开住，情况又不同。

因此，本书会针对以上各种情况，分别来说明祖父母在培养孙辈的过程中怎么做比较合适。

其实，在日本家庭里，正值盛年的爸爸们在职场上是非常忙的。在本书中我也会提到，近些年爸爸参与育儿的时间虽然在增加，但在时间上

① 在我国北方地区，孩子通常将母亲的父母称为姥爷、姥姥，在南方地区，则通常称外公、外婆，为保持全书一致性，在本书中统一使用外公、外婆。不区分爷爷、奶奶，外公、外婆时，统称为祖父母。

和程度上仍然远远不够。然而，大部分爸爸非常关心孩子的学习成绩是否有所提高，他们只看重成绩的态度，对孩子来说是一种莫大的压力。这种现象也是很常见的。

当然，妈妈在育儿方面也存在自己的问题。职场妈妈在时间上和体力上对孩子的关心都不够，而妈妈对孩子学习成绩的关心却超乎寻常，经常会在孩子中考的时候，一下子发现很多难以解决的问题。

鉴于这样的现状，如果祖父母能帮忙，爸爸妈妈会非常感激，孙辈也会非常高兴。如果“超级祖父母”有正确的育儿思想，他们就会成为发掘孙辈各种潜能的非常强大的力量。

在本书中，我以6~12岁孩子的祖父母为读者对象，探讨为了孙辈身体和智力的良好发展、品格和社会性的养成，祖父母应该如何快乐积极地培养孙辈，如何支持自己的儿女，共同做好家庭教育。

清水克彦

目录

第 1 章　距离产生美——三代人的相处之道

第 2 章 祖父母如何助力孙辈综合能力的培养

第 3 章 祖父母如何助力孙辈社会能力的培养

第 5 章　祖父母如何对孙辈进行生命教育

第1章

距离产生美——三代人的相处之道

1. 六种类型的祖父母

我把祖父母分成了六种类型，具体如下：

- **超级祖父母：**积极参与育儿，并乐在其中，不惜时间和金钱。
- **保姆型祖父母：**以为孙辈服务为己任，主动照顾孙辈，参与程度甚至超过孙辈的父母。
- **照顾起居型祖父母：**积极地接送孙辈去补习班，参加孙辈的学校活动。
- **管教型祖父母：**矫正孙辈的生活习惯，关心孙辈的学习，对孙辈比较严格。
- **享受型祖父母：**喜欢和孙辈一起出去旅行。
- **疏远型祖父母：**逢年过节会和孙辈见面聚会，但很少主动和孙辈在一起享受共度的时光。

您或者您家的老人也属于其中某种类型吧，事实上每种类型的祖父母都有特别需要注意的地方。

超级祖父母要注意——不要做得太多了。

保姆型祖父母要注意——积极参与育儿活动，对孙辈的爸爸妈妈是很大的帮助，但也很容易变成幸福的负担。为孙辈花太多的钱，不但会造成对孩子的溺爱，还有可能加大孙辈的爸爸妈妈对你们的依赖程度。

保姆型祖父母要注意——和儿女住在一起的就先不说了，不住在一起的话，有的祖父母家里也会准备孙辈来家里时睡觉的床和很多玩具。如果这些花费对祖父母来说是负担，那么千万不要为了这部分花费，自己辛苦地节衣缩食。

照顾起居型祖父母要注意——照顾孙辈需要花费很多的时间、精力和金钱，这个类型的祖父母总爱说："我是自己心甘情愿照顾孙子的。"但等孙辈自立了，和老人分开了，这个类型的祖父母会觉得照顾孙辈的职责完成了，自己却一下子变老了。

享受型和疏远型祖父母没什么重要问题需要注意。

享受型祖父母在全额负担和孙辈一起旅行和外出吃饭的费用后，如果孩子爸妈只是象征性地感谢一下，老人也不必埋怨他们。

疏远型祖父母总是忙着做自己喜欢做的事，如果孩子的爸妈不主动邀约，他们几乎不会和孙辈见面，这样一来，很可能孙辈就不想和他们亲近了。

整体来说，比起依靠爷爷奶奶，孩子爸妈会更多地依靠外公外婆来带孩子，所以外公外婆最好不要接受女儿协助育儿方面的过多请求，要平等地对待自己的孙子和外孙。

2. 三代人超越世代进行交流的时代已经到来

我在前言中已提到，现在，父母和孩子的交流时间呈增加的趋势，我们马上来一起看看相关的数据吧。

◆ 亲子时间调查（调查对象是小学生的父母）

请问您每周和孩子交流的平均时长是多少？

	5 年前	现在
爸爸（平日）	48 分钟	54 分钟
妈妈（平日）	108 分钟	105 分钟

由此可以看出，父母和孩子交流的时间一直在增加，周末的情况也类似。

但是，关于交流的内容，60%以上的父母的回答是“有关孩子的朋友和学校活动”，而回答说会聊一聊时事动态之类社会性话题的父母还不到 10%。

不仅如此，父母跟孩子商量事情的时间比 5 年前少了——爸爸跟孩子商量事情的时间从每周 25 分钟变成 23 分钟，妈妈跟孩子商量事情的时间从每周 47 分钟变成 37 分钟。

可以说，虽然父母和孩子交流的时间增加了，但交流的大多是无关痛痒的内容。

对这样的现状，五六十岁的祖父母是怎么想

的呢?

下面的调查反映了祖父母的想法，很耐人寻味。

◆ 三代人亲密度调查

您想增加和谁共度的时间?

	自己	孙辈	儿子	女儿
祖父		84.0%	79.1%	78.0%
祖母	78.5%	77.1%	71.9%	76.2%

由此可见，祖父母大多都想增加和孙辈一起度过的时间。

这个调查还提供了有关孙辈想法的数据，不论男孩女孩，90%以上的孙辈都表示愿意更多地和祖父母交流。

如此看来，对于我们的家庭来说，不仅需要进一步增加亲子交流，也同样需要增加祖父母和孙辈之间的交流。

对于我们的家庭来说，不仅需要进一步增加亲子交流，

也同样需要增加祖父母和孙辈之间的交流。

也就是说，三代人超越世代进行交流的时代已经到来。

具体来说，祖父母现在越来越重视和孙辈的交流。跟儿子或者女儿的家庭住在一起或者住得很近的自不必说，即使分开住，祖父母也很愿意和孙辈接触，一起玩儿，聊聊自己的人生经验。

同时，希望社会能够对和儿子儿媳、女儿女婿共同为孙辈的成长而努力的祖父母，在各个方面给予支持。

对于关系各方有可能遇到的问题，本书会在之后各章中以案例形式进行详述。我建议，祖父母可以根据孙辈的需求，从侧面支持子女育儿的角度，与孙辈进行沟通和互动。

3. 三代人同住时，祖父母应明确自己作为教育协助者的角色定位

从 2006 年开始至今，我以东京知名中学的 28 个学生家庭为样本，做了各种各样的调查。其中，

我以三代人同住的家庭为对象，以问卷形式进行了调查，得出了耐人寻味的结果。

◆ 对东京知名中学的学生家庭三代人同住情况的调查

祖父母和孙辈的关系怎么样？

- 关系亲密：13 个家庭
- 关系一般：12 个家庭
- 祖父母完全不管孙辈：3 个家庭

由于这次调查样本数量较少，所以无法提供不同情况的占比。不过仍可以看出，在祖父母住在附近或三代同住的家庭里，有近半数的祖父母都是经常照顾孙辈的。

当然，事情也是各有利弊的。

有利的是，祖父母对孩子爸妈提供生活方面的支持：

“孩子的祖父母帮忙照顾孩子，我们夫妻二人就都能去工作了。”

“我们家有三个孩子，每天做饭、洗衣服什么的真的忙不过来，孩子的奶奶能帮忙，实在解决了我们的燃眉之急。”

再比如：

“我先生很忙，很少有时间跟孩子沟通，正好孩子的爷爷会和孩子聊很多职场和社会上发生的事，真是帮了大忙了。”

“孩子的奶奶会教我女儿裁剪、缝制等手工活，还会教孩子弹钢琴的指法，这些事我就不用操心了。”

此外，祖父母在学习方面对孙辈的教导也很有效果。

这次调查的对象是知名初中的学生家庭，除了大多数家庭本来就有浓厚的注重教育的家庭氛围外，祖父母住在附近，对孩子的学习也是很有促进作用的。

我在前言中提到过，这些祖父母虽说已经做了祖父母，但在年龄上还是比较“年轻”的。

还有很多孩子爸妈说：

“孩子的祖父母会带孩子去公园玩，开车带孩子去兜风。”

“对孩子来说，很多事情都可以跑去求助祖父母。”

由此可见，祖父母还可以对孩子父母做不到的事情有所补缺。

当然，与此相反，也有很多人提到，祖父母和孙辈关系过密，会带来很多问题。

在三代人同住的家庭，一般都是爷爷奶奶、爸爸妈妈和孙子孙女同住，所以很多妈妈只能在心中默默希望爷爷奶奶如何如何带孩子，却无法说出口，自己压力很大。

实际上，确实有很多妈妈在问卷里对和孩子关系亲密的爷爷奶奶表达了自己的不满，比如：

“总是以自己的儿子，也就是孩子爸爸为荣，拿儿子和孙子来比较。”

“与其说是来帮助我们的，不如说是‘插手’我们的事情。”

“孩子的奶奶总是用陈旧的标准和想法来断定什么事该怎么做。”

“只要孩子说话不太有礼貌，孩子的奶奶就会绕着弯子地说我教育得不好。”

不管多么疼爱孙辈，把孙辈视为掌上明珠，祖父母都应明确，**孙辈的父母才是教育的主体，**

尤其是在三代人同住的家庭里，祖父母更要注意尺度。

请祖父母尽力避免“拿孙辈和自己的孩子（即孩子的父母）比较”“事情的细致末节都要干预”“批评父母教育得不好”等行为，从根本上明确自己作为教育协助者的角色定位。

4. 与子女、孙辈分开住，祖父母同样可以影响孙辈

前一节叙述了三代人同住的注意事项，那分住的家庭应该注意些什么呢？

◆ 对家庭关系的调查（可多选）

三代人分住的家庭会一起庆祝哪些节日或参与哪些活动？

- 一起庆祝新年的家庭：54.5%

- 一起过盂兰盆节[1]的家庭：44.9%
- 一起庆祝母亲节的家庭：22.9%
- 一起庆祝家人生日的家庭：20.5%
- 一起庆祝父亲节的家庭：18.1%
- 一起参加运动会和艺术节等学校活动的家庭：16.2%

从这项调查可以窥见三代人是利用哪些机会聚在一起的。

在三代人分住的家庭里，对孙辈来说，偶尔和祖父母相聚，是件新鲜事。“我和祖父母去逛百货商店……”“祖父母给我买了……”“当时祖父母和我说过……”，这些事情很容易就会给孙辈留下深刻的回忆。

如果祖父母住得很远，只能在盂兰盆节和新年与孙辈见面的话，那么久才见一面，祖父母还是给孙辈准备一两个惊喜比较好。

- “让孩子用这个买他喜欢的书吧！”祖父母

① 在日本，盂兰盆节原本是人们追祭祖先的日子，传说在节日期间先祖及已故之人的灵魂会回家，人们要为其照亮道路以防止亡灵迷路。如今的盂兰盆节已成为亲人聚集一堂、怀念祖先的重要节日。

可以请孙辈的爸爸妈妈把现金或者图书卡转交孙辈。

- 制造祖父母和孙辈在一起的机会。例如一起去动物园、去扫墓等。
- 分别之际，祖父母可以说一些能给孙辈留下印象的话。

如果能这样花心思，即使不能经常见面，孙辈也会深深记得和祖父母在一起时所发生的事情。多年之后，这些温暖的回忆对孙辈来说，都是宝贵的精神食粮。

就比如我自己，我的父母住在四国地区，我妻子的父母住在关东地区北部，和我们都离得很远。我女儿和四位老人一年只能见几次，但她会经常提起爷爷奶奶、外公外婆，“当时爷爷这样夸我来着！”“外婆给我打电话了，我们聊得非常开心！”可见，虽然离得远，但祖父母对孙辈的影响并不小。

不过，这其中也是有一些潜在隐患的。

◆ 祖父母教育孙辈的调查

祖父母对孙辈的教育情况的比较：

• 一周见一次孙辈：见孙子、孙女的占22.8%，见外孙、外孙女的占43.5%

• 教育孙辈：教育孙子、孙女的占21.3%，教育外孙、外孙女的占31.3%

• 训斥孙辈：训斥孙子、孙女的占19.3%，训斥外孙、外孙女的占26.7%

• 对孩子爸妈的育儿能力有所顾虑：对孩子爸妈教育好孙子、孙女有顾虑的占46.8%，对孩子爸妈教育好外孙、外孙女有顾虑的占31.1%

这项调查是以祖父母作为调查对象的，可以看出，虽然同样是孙辈，但比起孙子、孙女，老人教育外孙、外孙女时顾虑更少。

换句话说，老人和外孙、外孙女更亲近，倾向更深入地参与对他们的教育。

事实上，在采访过程中，我从很多妈妈那里听到了她们对外公和外婆的不满。

“从娘家到我们家开车只需要不到一个小时，

孩子的外公、外婆经常过来‘霸占’孩子，也不管孩子是不是在学习。”

“我父母每年也就和孩子见一两次面，见面就埋怨孩子怎么还不会这个、不会那个的。”

“我父母背着我们给了孩子太多压岁钱，我们不给买的游戏软件，他们马上就买给孩子。”

老人想在见面的时候弥补分离时的思念，这种心情是可以理解的，但枉然行事是绝对不行的。祖父母应该在孩子爸妈所允许的范围内，去享受和孙辈在一起的短暂却美好的时光。

另外，这项调查显示，祖父母一年在孙辈身上的平均支出约为 11 万日元（约等于 6200 元人民币）。

在祖父母送给孙辈的礼物中，玩具、衣服鞋子、图书占了前三名。

祖父母每个月会为孙辈花费将近 1 万日元（约等于 560 元人民币）。从这一点来看，祖父母为孙辈买东西的愿望还是很强烈的。

5. 爷爷奶奶和外公外婆绝对不能展开“竞争”

几年前，在进行高考采访时，我听到过一件十分令人震惊的事。当时是 2 月下旬，考试早已结束，孩子们考上了哪所大学也已经确定了，可有一家人客厅旁边的房间里竟然摆着七层的人偶——而且是两套！这家只有一个女孩，可是家里却摆着两套昂贵的人偶。原来，是女孩的爷爷奶奶和外公外婆分别送了一套。

我一问，原来孩子爸爸是秋田县人，孩子妈妈是富山县人，这两个县在电视节目和杂志组织的“各县居民特点专辑”中，都被评为“爱面子”且“非常热心于教育，喜欢遵守传统和规范”的地区。

“且不说这些对居民特点的总结是否靠谱，在爱孙辈这件事上，孩子的爷爷奶奶和外公外婆都不想输给对方，他们的竞争可真是火花四溅啊！本来他们的所作所为都是出于疼爱孙辈，也帮我们节省了很多开销，但每年一看到这两套人偶，我还是有点儿苦恼。”

我至今也无法忘记那位一边说一边苦笑的爸爸的表情。实际上，爷爷奶奶和外公外婆的竞争，可不仅仅存在于这一个家庭里。

“我们家的儿子和女儿每个人都有两个双肩书包。”

“每年春节两边都说一定要去他们家过年，还以多给压岁钱来‘诱惑’孩子。”

“高考前爷爷几乎每天都要打电话来：‘禽流感’过去了吗？考上了大学，爷爷给你出学费！真是甜蜜的负担啊。”

尤其是和双方老人都不住在一起的家庭，如果爷爷奶奶、外公外婆都很溺爱孩子的话，就会发生各种各样听起来像笑话一样却真实发生的“孙辈争夺战”，甚至“争夺拉锯战”。

不过，和一方老人住在一起的家庭，另一方的老人通常都会保持一定的距离。分住的老人不得不承认，同住的老人有照顾孙辈的优先权，所以两边的老人不太容易产生前面提到的那种竞争意识。

首先，说说这种竞争对孙辈发展的影响。

作为孙辈，能同时得到爷爷奶奶和外公外婆的宠爱，他们肯定很开心，但孙辈的想法会从“他们都很重视我”变成“什么事他们都会帮我做”，如此一来，就很容易催生出很多“小皇帝”“小公主”。

其次，这种竞争会对孙辈的爸爸妈妈造成很大的困扰。

据说那个摆放两套七层人偶的家庭，每年都要为把哪一套摆在更显眼的位置而苦恼。

而如果两边老人都送定做的双肩书包的话，爸爸妈妈就要费心去决定应该主要用哪一个。

为了不给孙辈的爸爸妈妈增加这些多余的烦恼，请老人在送孙辈东西的时候先试探地问一下：“我想买一个某某东西送给孙子，你们看怎么样?”如果你很想送的东西另一边老人已经送过了，也不要不服输，最好这次先作罢，或者退一步说，“那我们等孙子过生日的时候再送礼物”“下次孙子想要什么，就给我们打电话吧”，把自己想为孙子做点儿什么的心意表达出来就可以了。

如果爷爷奶奶、外公外婆都很溺爱孩子的话，就会发生各种各样听起来像笑话一样却真实发生的“孙辈争夺战”，甚至“争夺拉锯战”。

而如果爷爷奶奶和外公外婆不仅买东西你争我抢，在黄金周、盂兰盆节、新年等节日跟哪一边过也互不相让，就会使去哪儿过节成为孩子爸妈的烦心事。

所以，奉劝爷爷奶奶和外公外婆，请不要表现出一副孙辈被抢走了的小心眼儿模样，最好带着些许的期待，想着如果孙辈能来我们这儿，我们真的会很开心，这样就不会给自己、也给儿女平添压力了。

6. 爷爷奶奶和外公外婆的不同之处

随着职场妈妈越来越多，奶奶和外婆的重要性也随之增加。奶奶或外婆会全程参与育儿，承担很多主妇的责任，比如做早饭、洗衣服、打扫卫生、看管放学回来的孙辈等。

尤其是奶奶，要么和孙辈、儿子儿媳住在一起，要么住在只距离“一碗汤”的地方，不管乐意不乐意，多少都要照顾照顾孙辈。

但是，现在的奶奶和外婆不同以前了，她们没有抚养四五个孩子的经验，大多只有一两个孩子。

所以，奶奶如果强硬地推行自己的育儿方法，儿媳又不是自己的女儿，儿媳会想："你不也就带大过一个孩子嘛。"这样，婆媳之间就容易产生芥蒂，所以，这一点要注意。

我们一起看一下，前面介绍过的对东京知名中学的 28 个学生家庭的问卷调查中的数据情况。

◆ 对东京知名中学学生家庭和祖父母共同居住情况的调查

请学生的父母直率地谈谈对照顾孙辈的祖父母的看法：

- "很感谢""帮了我们很大忙"：21 个家庭
- "有些郁闷""决定权应该交给父母""希望他们不要多管闲事""经常间接地否定我的育儿方法""总是什么都要管"：18 个家庭

大家应该已经注意到了，以上两项的家庭数总和超过了 28。也就是说，有 11 个家庭的爸爸妈妈在心存感激的同时，多少也会觉得孩子的祖父母对他们造成了一些困扰。

于是，我进行了采访，发现孩子妈妈一方面觉得婆婆的帮忙很难得，另一方面也对婆婆有所顾虑，婆媳关系甚至有些火药味儿。

实际上，对既要工作又要养孩子的爸爸妈妈来说，孩子奶奶的帮忙真的是莫大的支持。虽然婆婆不是亲妈，但儿媳能和孩子的奶奶商量商量事情也是很有益处的。

我认为，只要祖父母能掌握“**育儿的责任人是孩子的爸爸妈妈**”这个大前提，三代人是可以快乐地住在一起的。

“有需要帮忙的事情随时跟我说。”“不管有什么困难，都可以来找我商量。”如果奶奶能站在这样的立场上，相信即便不是亲生女儿，儿媳也会来找她咨询，婆媳关系就进入了“一旦有什么事情，能依靠的还是奶奶”的良好状态。

外婆是怎样的呢？和女儿一家一起住的外婆是强有力的帮手。

有时孩子妈妈说话做事有些过头了，但毕竟

是自己的女儿，外婆也容易理解。就算吵架了，母女关系破裂的风险也很低。

外婆只要尊重女儿女婿的意见，不要把外孙占为己有，并积极地参与育儿，大家就可以很开心。

不过，如果外婆住得远的话，平时见不到外孙，见面的时候肯定也希望为外孙做好多事情，这时外婆最好看女儿的需求，做些力所能及的事。

另外，前面我们也提到了，因为还有孩子奶奶的存在，外婆最好意识到这一点，不要在和外孙相处的时候，跟奶奶处于竞争的状态。

7. 祖父母不要在孙辈身上套用自己教育孩子的老办法

在当今时代，很多人都觉得自己的父母（也就是自己孩子的祖父母）的育儿方式是错的，或对此有些质疑。

如今，育儿的主体正是第二次婴儿潮时出生

的人，也就是70后、80后，社会已经发生了巨大的变化。

精神科医生香川利香以70后、80后为对象写了一本书，书名为《倒霉世代》，指出这代人的特点是人数多，考大学、就业的竞争都非常激烈。

他们进入社会之后，终身雇佣制、年功序列制等日本式的雇佣形态也逐渐消失，本该不断增加的工资被削减，还出现了大规模裁员的现象。

我就这个问题询问了比我晚十年就业的同事，他们几乎都说："我们的父母说，读好大学就能进好公司，就能过好日子。可是，我们大学毕业的时候，社会已经完全不是他们说的那样了。"

可以说，这些话是从失去的十年，甚至失去的二十年中熬过来的他们吐露的心声。所以，作为他们的父母，在给他们带孩子的时候有一点是需要注意的——**不要在孙辈身上套用自己教育孩子的方式。**

"出了一流大学就能进一流公司""只要进了一流公司，美好人生就在前面等着你"，这样的模式已经完全不存在了。所以，如今为人父母者应该意识到，虽然我们也希望孩子能进名牌大学，而不是三流、四流大学，但进几流大学并不能给孩子定终生。

但是，祖父母那一代经历了日本的高速成长时期（1955—1973 年），尤其是还没有退休的祖父母，更希望孙辈能进一所好一点的大学。

有的祖父母有高学历，在大型企业或组织工作，取得了较高的成就。然而，那辈人并不都是这么顺利的，还有很多人像我爸爸一样，没上大学，就在小县城的工厂里当了一辈子职员，他们觉得自己因为没学历，才吃了那么多的苦，所以一定要让孩子考上好大学。

作为亲人，不想让孩子和孙辈吃苦，那是理所当然的，我并没有批评的意思，但如果祖父母总是想像以前对自己的孩子那样，要求孙辈尽可能去上更好的学校或一定要读名牌大学，恐怕会和孩子爸妈意见相左。

“怎么还没教孩子做这个，孩子怎么还不会那个？”

“孩子已经可以去补习班了，怎么不督促孩子更努力地学习呢?”

“(对着儿子或女儿)你当时就是不够努力,爸爸当时花了那么多钱培养你……”

“我可不想让我可爱的孙辈们重蹈你的覆辙。”

“孙辈们学习的事情就由我和他奶奶来管了。”

上面这几句话都是我在采访的过程中记录下来的,是祖父母说过的让孙辈的爸妈很生气的话。

孙辈不是祖父母重复自己育儿过程的对象,相反,祖父母应该做孙辈被爸爸妈妈训斥后的避风港——**去接受孙辈本来的样子,用温和的态度来支持他们,这才是祖父母最应该做的。**

8. 做照顾起居型祖父母,是老人们的最佳选择

前面我在给祖父母分类的时候,提到了照顾起居型祖父母。这种类型的祖父母详细地掌握了孙辈方方面面的情况,从孙辈交往的朋友、孙辈的健康情况,到接送孙辈上学,积极地给予资金方面的帮助。

调查显示，在祖父母中，疏远型占 46.8%，享受型占 20.5%，管教型占 16.5%，照顾起居型占 8.8%，保姆型占 5.4%，超级祖父母型占 2.1%。其中，照顾起居型祖父母还不到一成，不过我认为，**做照顾起居型祖父母是老人们的最佳选择。**

◆ 祖父母和孙辈的关系——居住形态的比较调查

（向祖父母提问）您认为祖父母和孙辈一起住会给孙辈带来哪些影响呢？

- 孙辈会对老人和弱者给予更多的理解：74.1%
- 孙辈能够更加深刻地理解什么是家族和怎么做家族的一员：54.4%
- 孙辈会更懂规矩和礼节：53.7%

这是接受调查的祖父母给出的占比最高的前三个答案，不论他们是否和孙辈住在一起，我们都可以从中很清楚地了解到，祖父母认为和孙辈的亲密相处有哪些益处。

当然，只有三代人住在一起，或者即使不住

在一起也经常交流的家庭才会对此有所感触，接受我采访的家庭也一样，孩子爸妈对祖父母带孙辈这件事都表示很感激，帮了自己的大忙。

不过，这种感激之情只限于祖父母对孙辈起居的照顾。

如今，很多祖父母并不太习惯照顾学龄前和上小学的孙辈。祖父是上学时拼命学习、进入社会拼命工作的“企业战士”；祖母不像以前，没有带大五六个孙辈的经验。而且，现在孙辈玩的东西也和以前不一样了，很多祖父母和孙辈待在一起都不知道干什么好。

不过，就算没有掌握和孙辈一起玩耍的要领，也不具备和当今的小孩相处的知识，做照顾起居型的祖父母还是比较容易的，这样做不仅能够帮助儿子儿媳或女儿女婿，还能增进和孙辈的感情。

照顾起居型祖父母能做的事情之一就是接送孙辈上学，上各种补习班、兴趣班。**祖父母千万不要认为，这样做自己就成了一个“跑腿的”。**

比如，在某个家庭里，小学六年级的孙子要去补习班补课考初中，小学四年级的孙女要去学钢琴、学游泳，几乎每天都有兴趣班。如果祖父母能帮忙接送的话，自然对孙辈的爸妈是莫大的支持。

如果三代人同住或住得比较近，祖父母就能接送孙辈，在接送的过程中，祖父母还可以跟孙辈愉快地聊天，这可不仅仅是“跑腿”而已。

祖父母可以利用接送的 10 ~ 15 分钟时间，倾听孙辈提出的问题，然后告诉他们自己的想法，如果可行，孙辈肯定会很乐意接受建议的。

照顾起居型祖父母还能做的事情就是参加孙辈的学校活动和生日会。

尤其是有好几个孩子且父母都工作的家庭，爸爸妈妈没办法参加孩子学校的每一次活动，这时孩子的祖父母就可以参加，见证孙辈的成长。

把活动的画面拍成视频保留下来，之后一家人一起看，这样的交流机会一定会增进家庭成员之间的感情。

另外，如果儿子儿媳或女儿女婿在某些情况下提出，希望老人给予经济上的支持，如果经济上允许，祖父母也可以给予帮助，成为助力孙辈成长的强大后援。

9. 在孙辈面前，祖父母要尊重自己的子女

祖父母即便只有一个孩子，也是有教子经验的人，可以协助孙辈爸妈教育孙辈。

有的小孩上小学前后会说“真啰唆”“真恶心”等一些难听的话，甚至会很粗鲁地喊“你太烦了!”“去死!”，还会对爸爸妈妈的说教非常抵触。

于是，爸爸妈妈就会很不安地反思，我们家的教育是不是哪里出了问题，我们家孩子怎么会这样。这时，祖父母就要作为过来人给孙辈的爸妈以支持，告诉他们：“没关系，孩子还是好孩子，你们在小学 X 年级时也是这样。”

相反，祖父母一定不要说“你这样教育孩子

不对”“这么继续下去可不行”，**不要直接否定孙辈的爸妈教育孩子的方法。**

孙辈如果看到自己的父母被祖父母训斥，肯定不会很高兴。如果孙辈的爸妈情绪上来了，祖父母越说教，他们反而会对孩子越严厉。

就祖父母和孙辈爸妈的关系而言，我建议**祖父母在孙辈的面前一定要尊重其父母。**

如果育儿理念产生了分歧，祖父母可以说：“我虽然是这么说的，但是你爸爸说过要如何如何做。”

孙辈就会想：“原来是这样……确实还是爸爸说的对，那我就按爸爸说的去做吧。”

当然，祖父母要尊重孙辈的爸爸的态度，换成孙辈的妈妈也是一样。

在家庭中经常会发生爷爷奶奶在孙辈面前反对儿媳，或者外公外婆在外孙面前否定女婿言行的事儿，这源于家庭成员的相互不信任，要杜绝这种情况发生。

还有一点就是，**祖父母不要在孙辈面前说自己的孩子过去如何不好。**

“你爸爸读小学的时候一点儿都不听话，根本不学习。”

“你妈妈根本不听你外婆的话。”

祖父母说这样的话虽然没什么恶意，但爸爸妈妈在孩子心目中的形象是非常高大的，祖父母就这样把他们的过去暴露给孙辈，会影响爸爸妈妈教育孩子的效果。

“原来爸爸小时候也不爱学习啊！”“哎？原来妈妈也有不听外婆话的时候啊！”如果孙辈这样解读的话，以后爸爸让儿子好好预习功课，或者妈妈让女儿听话，效果都会减半了。

所以，祖父母应该这样说：

“你爸爸最开始虽然不听话，但该努力的时候还是非常努力的。”

“你妈妈确实也有很倔强的时候，可是外婆的话她都会听。”

祖父母这样对自己的子女进行肯定，一定是有利于孙辈的成长的。

10. 祖父母给孙辈买东西的时候，要得到孙辈爸妈的同意

很多祖父母都会说：“给孙辈买东西，我总捂不住钱包。”

本章第 4 节我们介绍的问卷调查结果显示，祖父母每年会为孙辈花费 11 万日元（约合 6200 元人民币）。调查还显示，在祖父母买给孙辈的礼物中，玩具、衣服鞋子、图书占了前三名。除此以外，祖父母还会给孙辈买价格昂贵的家电和乐器，比如游戏软件（16%）、游戏机（12.4%）、电视机（4.5%）、电脑（3.9%）、钢琴或电子琴（3.6%）。

现在做祖父母的是在“二战”结束后不久出生的一代人，在日本的经济还没有走上正轨的时代背景下，他们拼尽全力把孩子抚养长大。

“不想让孙辈受委屈。”

“孙辈想买的东西都会尽量给他们买，只要他们高兴就行。”

祖父母有这样的想法也是很正常的。

尽管如此，我还是认为，在给孙辈买东西的时候应该事先得到孙辈父母的允许。

我在采访东京知名高中的学生的家庭时，有的家长叹着气无奈地说：

“孩子从小学高年级开始，渐渐想要价格昂贵的东西了。有些东西在我们父母看来是小学生不需要的，或者现在买还太早。如果孩子的爷爷都没跟我们商量，就给孩子买了，我们真的觉得很难办。”

“我们家孩子让他奶奶给他买录像机、数码相机，甚至平板电脑，觉得只要央求奶奶，奶奶就会给他买任何东西。”

当然，也有家长说，他们对于祖父母给孩子买东西感到很高兴，但我还是想建议祖父母，在买东西之前还是应该得到孙辈爸妈的同意。

这样做首先是要教会孩子忍耐。

10 岁左右的孩子如果认为跟祖父母哭诉就能得到自己想要的东西，这是绝对不可以的。祖父母从小就要培养孙辈的好习惯，让他们攒零花钱买自己想要的东西，买东西前还要想清楚自己是否真正需要这个东西。如果这个习惯没养成，长大后孙辈大概率会体验到还不上信用卡甚至个人破产的苦果。

另一点需要注意的是，祖父母给孙辈买的东西中有很多是数码产品。现在人们可以利用电子产品浏览网页，跟他人建立联系，这些数码产品在给孙辈提供上网便利的同时，也增加了他们遭遇性犯罪和被霸凌的风险。

所以，不管孙辈怎样央求，祖父母在给他们买东西之前都要先了解其父母的教育理念和学校的要求，再判断是否应该买。

11. 做祖父母最好的状态是，感到养育孙辈很快乐

有的祖父母对于如何跟孙辈相处、怎样保持跟自己的子女的距离感，感到非常为难。

有的祖父母本以为帮了忙，结果倒成了给人

家添麻烦。

我觉得事情没那么复杂，**祖父母只要用最直接、最简单的方式和子女、孙辈相处就可以了。**

换句话说，只要想着和孙辈在一起对自己来说是一种乐趣、一种享受，很多问题就不存在了。

在孙辈的婴儿期，祖父母每天给他们换尿布、做饭，是非常辛苦的。

在孙辈的幼儿期，祖父母要教他们上厕所，给他们读书，陪他们玩耍。如果天天如此，或者一周有一半时间都这样的话，对老人的体力来说是很大的负担。

在孙辈上学后，祖父母接送他们上补习班，指导他们的学习，还有平常经济方面的支持。就算是祖父母自愿的，肯定也会对自身的生活产生一些影响。

所以，祖父母应该尽量控制“为了可爱的孙辈”“必须得帮帮子女”之类的想法，**在自己真心想做且力所能及的前提下，开开心心去照顾孙辈，帮助孙辈的爸爸妈妈的感觉，才是恰到好处的。**

◆ 祖父教育孙辈的调查

和孙辈见面的时候开心吗？

- 非常开心：41.8%
- 还可以：51.4%
- 不算开心也不算不开心：5.5%
- 不开心：1.4%

在这项以爷爷和外公为对象的调查中，认为和孙辈见面非常开心的受访者只有四成。

“还可以”或许可以理解为“开心”，但我觉得真实情况不见得如此，因为“还可以”这个回答其实很含糊。

所以，我建议祖父母就不要做那些令你们觉得物质和精神方面有负担的事情了。

不要勉强自己，不要过分用力，不要夸大自己的感受，和孙辈愉快地在一起，就是最好的状态。

12. 祖父母要重视三代人共同参与的活动

三代人一起参加一些活动是非常好的，比如一起庆祝孙辈的生日，一起参加孙辈的运动会，一起出席孙辈的入学典礼、毕业典礼等。不管是否住在一起，祖父母去参加这些活动，自己很开心，子女和孙辈也都会很高兴。

除此之外，可以共享天伦之乐的活动还有很多。

比如，一起庆祝孙辈爸爸妈妈的生日。对祖父母来说，孙辈的爸爸妈妈永远都是自己心爱的儿女，能和孙辈一起给他们过生日，一定会增进家人之间的感情。

虽然，有些孩子爸妈不好意思直接表达自己的喜悦之情，会这样说："我都快四十的人了，祝我生日快乐，我的心情还挺复杂。"但他们肯定会从内心里感激这一切的。

对祖父母来说，孙辈的爸爸妈妈永远都是自己心爱的儿女，能和孙辈一起给他们过生日，一定会增进家人之间的感情。

如果孙辈已经是小学中高年级学生，祖父母可以跟孙辈商量给爸爸妈妈买礼物，孙辈可以出一二百日元（约合人民币十几元），祖父母可以出几千日元（约合人民币几百元），买一大束鲜花或者漂亮的生日蛋糕。

祭祖和新年也是三代人聚在一起的好机会。三代人一起去扫墓，可以培养孙辈尊重祖先、祖辈的意识，进而培养孙辈珍爱家人、珍爱自己的意识。

对家人的爱又会转化成对故乡、对国家的爱；对自己的爱会让孙辈在遭遇欺凌的时候不自轻。

另外，新年也是家庭成员欢聚一堂、共享美食、互诉衷肠的绝佳机会。在春节期间，和子女孙辈分住的祖父母既可以让他们到自己家里来，也可以到他们家去，还可以约个地方一起吃饭，创造一些在一起的机会。

现在的孩子很多是独生子女，大多数家庭最多也就有两三个孩子。而且在大城市里，很多家庭的小孩在上幼儿园后就开始参加英语、游泳、钢琴等兴趣班，和邻居小朋友在公园或附近玩儿的机会都很少。

所以，很多孩子没有兄弟姐妹一起玩儿，也不能常和邻居小朋友一起玩儿，通过游戏来学习的机会太少，甚至和家人以外的人接触的机会都没有。所以，祖父母要尽量把自己的儿孙们聚在一起，这样至少还能创造孙辈和叔叔姑姑、舅舅姨妈、堂兄弟姐妹、表兄弟姐妹在一起的机会。

对孙辈来说，和堂兄弟姐妹、表兄弟姐妹接触是尤其珍贵的体验。

孙辈在年幼时有和小朋友游戏的记忆，长大后就能和别人相处得很好。让孙辈和其堂兄弟姐妹、表兄弟姐妹多接触，打好亲戚之间的感情基础，将来他们才能互相帮助和关爱。

另外，祖父母还可以充分利用各种节日：新年时一起放风筝和玩纸牌；在三月三的女孩节、五月五的男孩节，一起祝福孙辈快乐成长；九月一起赏月；十月一起过万圣节；十二月一起过圣诞节。这些节日三代人都可以开开心心地一起过。

但祖父母切记，不要勉强自己，如果不愿意聚会，买些点心送给子女孙辈就可以了。

除此之外，祖父母还可以请子女孙辈一起庆祝自己的生日，参加当地的庆典活动，冬至相约一起泡温泉，偶尔来一次三代人两天一晚的短途旅行，或者在一起做些能做的事情就很好。

众所周知，孙辈上了初中以后就会优先参加学校的社团活动，以及和朋友一起出去玩，就算是周末，待在家里的时间也不多。

所以，祖父母要了解，三代人能在一起活动的时间也就是孙辈上初中之前。同时，在和孙辈交流的时候，应该努力做到“给孙辈积极的影响”。

第2章

祖父母如何助力孙辈综合能力的培养

13. 祖父母的义务

在成长过程中，孩子们读完小学、中学、大学及研究生之后，就会进入社会大显身手。如何培养孙辈在社会中独立、坚强地生存下去的综合能力，是非常值得祖父母学习的。

具体来说，综合能力包括以下三项：

智力要素，包括基本的学习能力、掌握专业知识并不断提升自己的能力。

人际关系要素，包括沟通能力、共情能力、规范意识。

自我控制要素，包括进取心、忍耐力、追求自己的生活方式的能力。

具体来看，以下三种学习能力，都是非常重要的：

不断进取的能力，包括自主性、影响力、实践能力。

深入思考的能力，包括基本的学习能力、知识运用能力、发现问题的能力，以及创造力、忍耐力。

团队协作能力，包括号召力、倾听能力、应变能力、对话能力、抗压能力。

以上都是我一直以来所写的家教书和所做的家教讲座中不断强调的非常重要的“看不见的学习能力”，即不能通过分数、排名等可见的数字来衡量的学习能力，例如思考能力、表达能力、创造力、事务协调能力、精神集中能力等。

当然，孩子要掌握这些能力，靠的是学校教学和家长教育的共同作用。但如果社会阅历丰富且有教子经验的祖父母，能偶尔协助培养孙辈的综合能力，岂不是锦上添花?

调查表明，4 位祖父中就有一位认为，自己有义务教育孙辈。而且，祖父的年龄越大，这样回答的比例就越高。

用“义务”这个词可能有些赶鸭子上架的感觉，但我认为祖父母在培养孙辈方面确实是有义务的。

第一个义务是鼓舞孙辈向前冲。

爸爸妈妈与孩子朝夕相处，付出很多，所以在孩子成绩不好的时候，难免会严厉地斥责他们：

“你为什么不努力呢？”

“你为什么只能做到这样！”

但是，比其爸爸妈妈距离孩子稍远一点的祖父母就可以宽容一些：

“爷爷都能做到，你一定行的！”

“你能做到这样已经很棒了，接下来要不要更进一步试试？”

站在客观角度的祖父母，能够更宽容地接受孙辈的学业难以提高的现状。

祖父母不需要承担为人父母那样的重大责任，所以可以随时褒奖孙辈，给孙辈自信，认可孙辈既有的成功，鼓舞他们接着努力。

从孩子的角度来讲，比起达到父母的要求，他们更愿意虚心接受祖父母的意见，这样孩子内心就容易产生向前的冲劲儿，“好的，要不我来试试吧！”

第二个义务是培养孙辈深入思考的能力。

祖父母可以让孙辈帮忙做家务或一起做玩具，比如一起收拾院子，一起想想怎么设计花坛和花架，或者一起做风筝或竹蜻蜓等传统玩具。祖孙还可以一起分析“为什么风筝飞不高呢”这样的问题，一起试验怎样才能让风筝飞得更高，从而培养孙辈的思考能力和创造能力。

第三个义务是教育孙辈如何与人交往。

如今，有的爸爸妈妈工作非常忙，和孩子的对话比较少。但祖父母有时间跟孙辈聊天，祖父母如果能够教导孙辈，“把爷爷的话听完再发言”“把自己的想法清楚地表达出来”，要学会接受对方的意见，遵守规则，并和孙辈合作完成一件事情，孙辈就可以通过和祖父母的接触，来掌握与他人的相处之道。

14. 祖父母的责任

当孩子从幼儿园升入小学，父母都会为引导

孩子养成良好的学习习惯，教育孩子遵守纪律和规矩而头疼。于是，爸爸妈妈对孩子的训斥越来越多。

这时孩子的祖父母该出场了。

我认为，祖父母首先应该体恤孙辈，成为孙辈的避风港。

当然，爸爸妈妈可能会说，爷爷奶奶、外公外婆太宠爱孩子了，但**对孩子来说，有宠爱他们、无条件接受他们的人，是非常重要的。**

尤其是三代分住的家庭，孙辈对祖父母有新鲜感，可能会这样央求他们："奶奶您今天和我一起洗澡，然后跟我在我的房间一起睡吧！"如果孙辈提出这样的要求，祖父母请尽可能满足孙辈，这样还可以听听孙辈的心里话。

孙辈虽然知道祖父母会比较"惯着"自己，但在重要的事情上还是会按照爸爸妈妈的要求去做的，所以祖父母以亲切的态度去呵护孙辈就可以了。

有一个词叫"苦口婆心"，有时祖父母也会过于关心孙辈，时时事事都要关心，对孙辈来说就成了过度保护或过度干涉，孙辈的爸爸妈妈也会认为老人们管得太多。所以，**祖父母只要做到孙辈需要的时候，回应他们的需求就可以了。**

近些年来，女性生第一个孩子越来越迟，很多人在40岁上下才当上爸爸妈妈，这时其父母年纪也比较大了，一般都是到了70岁才有第一个孙辈，这个年纪的祖母最好不要太逞强了，不然也会对自己的身体造成过度的负担。请注意，**照顾孙辈一定要在自己的能力范围之内。**

在“祖父母的义务”一节中我提到过，祖父母平常在和孙辈的接触、对话中，要教育孙辈具有公德心、规范意识等，简单来说，就是各种社交礼仪。

比如，“好好和人打招呼”“怎样拿筷子”“什么样的场景下要鞠躬”“弄乱的东西要收拾好，脱下来的鞋要自己摆放好”“帮忙打扫厕所和浴缸的时候要彻彻底底地打扫干净”“要注意语言的规范使用”“要关怀比自己弱小的孩子，以及社会上需要帮助的人”。

祖父母应该教导孙辈，在家好好遵守规则，

在外对人要有礼貌。

虽说这些本来应该是爸爸妈妈教给孩子的，但有时祖父母的话会更有效。比起生硬的命令，祖父母演示给孙辈看，效果可能更好。

祖父母的另一个责任就是使孙辈加深对季节的感知。

随着家庭规模越来越小，欢度传统节日的习俗越来越难以传承下去了。而且随着全球气候变暖，春天和秋天似乎越来越短，只剩炎热的夏天和寒冷的冬天两个极端，四季的感觉已经有些错位了。

正因为这样，祖父母才更应该把“四季分明的美好”传递下去，重视每个和季节有关的节日，和孙辈一起诵读描写四季的歌谣。

祖父母应该教导孙辈，在家好好遵守规则，
在外对人要有礼貌。

15. 祖父母夸孙辈不要只在外面夸，更要在家里夸

我的祖父母住在四国地区的爱媛县，离我居住的东京很远，据说那里的祖父母总是喜欢在别人面前炫耀孙辈的优秀。

“我孙子每年运动会都被推选为学年对抗赛跑的选手。”

“我孙女当选了著名报社的小记者，那可不是谁都能选上的，她写的新闻还上报纸了呢。”

“我外孙子文武双全，特别聪明，以后肯定不是上东京大学，就是上一桥大学。”

我从身为人父的角度来看，这些炫耀中既有夸张的成分，也有老人对孩子的期望。祖父母曾对自己孩子的成绩比较谦虚，换成孙辈的成绩就喜欢炫耀，也可能是因为到了这把年纪，祖父母也只有把期盼放在孙辈身上了，便经常把“我大儿子的孩子怎样怎样”“我家孙女如何如何”挂在

嘴边。

我并不是要挑刺，祖父母这样说本来也不会坏事，但我建议祖父母**夸孙辈不要只在外面夸，更要在家里夸。**

综合能力包括学习能力、体能等各种能力，但如果一定要选出一个最为重要的能力的话，我认为应该是“**自信**”。

在我就职的广播局，还有我教过课的大学里，有自信和没自信的人对待工作和学习的态度完全不一样。

自信的人可以很清楚地说明自己的主张，又有接受他人想法的气度，所以和他人沟通总是很顺畅。

但是，没有自信的人，特别容易半途而废，要么随波逐流，要么固执己见，经常破坏团队的团结。

对学习有自信的孩子大概都有过“努力就会成功”的体验，在发现课题和收集信息方面做得都很优秀。

相反，没自信的孩子根本不知道从何入手，

总是向我这个做老师的寻求帮助，或者让同组的同学帮忙。

这样看来，从孙辈的学龄期起，祖父母就要不断向他们灌输“去做就行”“一定没问题”的信念，这是非常重要的。

所以，祖父母要在孙辈爸妈面前，尤其是孙辈也在场时夸奖孙辈。比如：

“你真了不起，一个人就能做这么好！”

“你比以前进步多了啊！努力果然有回报，真了不起！”

“爷爷奶奶接触过各种各样的人，我们家孙子很自立，真是好孩子。”

希望祖父母对孙辈每一次点滴进步都夸奖一番，以孙辈为荣。

祖父母经常这样做，可以从小培养孙辈的自信，孙辈也会确信：“原来我也能做到啊，只要努力一定能行！”

16. 祖父母不要被孙辈牵着鼻子走

孩子无论是和爸爸妈妈在一起，还是跟祖父母在一起，只要在大人的赞扬中成长，一般都会很聪明。孩子其实是无法在被训斥中培养起好习惯的，而在表扬中则更容易接受家长的建议，继而在对正确观念的不断实践中养成好习惯。

但是，在日常生活中，爸爸妈妈难免会斥责孩子，甚至不分青红皂白地批评孩子。所以，祖父母应该像上一节说的那样，培养孙辈的自信，给孙辈勇气，当孙辈的避风港。比如，孙辈取得了好成绩，学习比以前有进步，帮大人做了家务活，祖父母要当场表扬孙辈。总之，做祖父母、做父母的人都应该经常表扬孩子，同时包容、接纳孩子。

不过，祖父母千万不要混淆疼爱和溺爱。

我在采访中考情况时，曾遇到过这样一类祖父，他们学历很高，年龄为 60～65 岁，年收入也不比还在工作的人少。他们认为，孩子只要好好学习并且有个好成绩，就什么都不用愁了。

其中，有一位爷爷自己开诊所，他不仅希望自己的孩子能继承自己的诊所，甚至希望孙辈也能继承。孙辈学习成绩很优秀，他认为，只要孙子保证能考上大学医学部，平时做什么事情都是可以的。

在这样的家庭里，孙辈在补习班中提升到更好的班级就会得到表扬，在模拟考试中取得了很高的分数也会得到表扬。孙辈只要努力了，成绩有提高，祖父母就什么都给他买。

如此一来，孙辈变得不可一世，觉得“只要我努力，祖父母就会给我买我喜欢的东西”“只要我成绩好，长辈们就会什么事都依着我”。这样，孙辈很有可能就会变成“小皇帝”“小公主”。

为了让大家容易理解，我举了开诊所的爷爷的例子，其他工薪家庭也同理，如果过于在意孩子学习成绩的提高，不仅爸爸妈妈，就连祖父母都认为，只要学习好想怎么样都行的话，孩子即使有读写计算的能力，也可能会成为品格不好的孩子。

总之，祖父母可以允许孙辈撒娇，但绝对不能对他们溺爱，更不能什么都让孙辈牵着鼻子走。

即便孙辈在学校学习成绩优秀，但如果他们不帮忙做家务，吃完东西不好好收拾的话，祖父母还是要严厉地批评孙辈。

如果孙辈有张嘴就撒谎、欺负比自己弱小的孩子、做事任性等行为，只要祖父母觉得他们做得不对，就应该好好地教育他们，按照自己的经验该怎么教育就怎么教育。

17. 祖父可以培养孙辈的动手能力

前面我说过祖父可以带着孩子一起动手做些什么，这样有助于培养孩子深入思考的能力。

如果爸爸妈妈有和孩子一起做事情的习惯，比如和孩子共同完成暑假作业中的手工制作，周末一起准备饭菜等，那是很好的。如果爸爸妈妈都很忙，要在职场上打拼，或者有两三个孩子，实在忙不过来，那祖父能在这方面多费些心思，对孙辈的成长会很有帮助。

我在本章的第 13 节举了一些例子，其中之一就是一起养花。

具体来说，祖父可以和孙辈讨论种什么花，然后一起去买种子、球根或者花苗，最后共同仔细地把花种好。

祖孙二人结合季节、花的颜色和特性等因素来选花，然后松土、施肥、布置花盆，这样做不仅能够培养孙辈的思考能力、创造能力，还可以让孙辈体会艺术的美和季节的美。

而且，从种花到花开，祖孙二人还要不断地浇水、施肥和杀虫，这些劳动可以培养孙辈的耐心。

祖父还可以跟孙辈一起做新年时放的风筝，以及传统玩具竹蜻蜓。祖孙俩一起去买制作玩具用的材料，然后祖父指导孙辈怎么做。

风筝和竹蜻蜓做得有一点点不平衡就飞不起来，用小刀和锥子等工具的时候，祖父和孙辈都要注意不要伤到手，所以一定要精力集中。

只要有工具，花 15 分钟就能完成竹蜻蜓的制作；但如果要做风筝，还要考验孙辈的设计能力。

这些活动都能培养孙辈应该掌握的“看不见的学习能力”，请祖父们怀着和孙辈共享时光的好心情，一起挑战一下吧。

如果在大城市长大的祖父没有养花、做风筝的兴趣，或者有些祖父从没做过这些事情，那么，祖父也可以和孙辈一起搭积木、拼拼图；擅长乐器的祖父可以和孙辈一起创作歌曲；电脑用得好的祖父可以和孙辈一起设计日历。总之，祖父要多多创造和孙辈在玩耍中共度愉快时光的机会。

孙辈长大后会一直将和祖父一起做东西当作美好童年回忆，这些和祖父共同完成某事的经历，可能会转化成孙辈主动和朋友们一起提案，并完成某个项目的内心原动力。

而祖父在这个过程中也会很快乐，所以，不管祖父是和孙辈一家住在一起，还是不住在一起，我都建议祖父一年之中和孙辈一起完成一两项这样的“创造”。

18. 祖母可以制造机会让孙辈给自己帮忙

明仁皇后在培养德仁皇太子的时候订立了《小德宪法》，还要求侍从一贯执行，这在日本是非常有名的教子故事。

普通家庭培养孩子其实与此同理。

例如，如果定下了“每天早上六点起床”“数学和语文一定要各学习 30 分钟”的规矩，爸爸妈妈就必须严格遵守。

和子女孙辈住在一起或住在附近的祖母，有的时候会因为太疼爱孩子，在言语上“包庇”孩子，比如：

“好不容易周末了，就让孩子睡个懒觉吧！”

“学习中偶尔休息一下也没什么关系！”

这样一来，好不容易建立起来的规矩就全都失效了。所以，祖母一定要知道，育儿的主体是孙辈的爸爸妈妈，要跟他们保持一致。

相反，如果孙辈的爸爸妈妈没有达成一致，

祖母可以在不伤害孙辈爸妈感情的前提下，从过来人的角度提出自己的建议，比如：

“早睡早起的习惯还是应该坚持的。”

“是不是应该让孩子养成每天坐在书桌前学点儿什么的习惯？”

不和子女孙辈住在一起的祖母，虽然要很长时间才能和孙辈见一次面，也要注意别破坏人家家里的规矩。正因为不在一起住，老人更容易发现一些问题，这时要跟孙辈爸妈中更容易接受建议的一方，比如自己的儿子或女儿，提出自己的建议，例如：

“必须趁着年纪小培养有规律的生活习惯。”

“我觉得不应该让孩子这么做。”

此外，我还建议，祖母应该制造机会让孙辈给自己帮忙。

◆ 男女共同参与家务劳动的调查

回答家务主要是妻子做的比例：

- 打扫房间：75.6%
- 准备饭菜：85.2%

- 饭后收拾：74.7%

从这项调查的结果来看，在日本，准备饭菜、饭后收拾，还有打扫房间等家务劳动，70%以上都是妻子来做，丈夫和孩子几乎不会帮忙。

这跟欧美国家有很大不同。在欧美国家，妻子承担家务的30%~40%，一般家庭都由家庭全员分担家务。包揽所有家务有多累，祖母们肯定是最清楚的。那么，祖母们要不要试着和孙辈一起来分担一下孙辈妈妈的家务呢？

其实，孙辈可以参与很多家务劳动的，比如打扫房间、晾衣服、清洗马桶，以及做饭、洗碗等。

孙辈可以模仿作为“家务大拿”的祖母，学习怎样安排做家务的顺序效率最高，怎么做才能不浪费水，怎样才能充分利用冰箱里的食材做饭，在不断地学习模仿的过程中，孙辈不知不觉地就拥有了思考能力、表达能力、产生创意的能力和精神集中力。

如果孙辈做得很好，祖母应该给予表扬，这样还能增强孙辈的自信，让孙辈有一种“**我是家**

庭的一员，我也在为家庭做贡献”的自豪感。

19. 祖父母应该教导孙辈知礼仪和爱惜东西

我在和高分考进高中名校的孩子接触的过程中，注意到这样一个现象：和我初次见面的时候，这些学习好的孩子绝大多数都没有向我好好鞠躬，也不打招呼，说话时的敬语、用词也是乱七八糟的。

有的爸爸妈妈会苦笑着说：“真不好意思，我们家孩子这些方面完全不行。”每次听爸爸妈妈这么说，我都在想，能不能由孩子的祖父母来纠正孩子“这些方面”的问题呢？

可能有的孩子会反抗爸爸妈妈的说教，说：“爸爸妈妈不也没打招呼吗？”

还有的孩子会对爸爸妈妈的说教置之不理。如果换成祖父母说，有的孩子大概还能听得进去，所以，希望祖父母能把正确的礼仪教给孩子。

比如，打招呼是确认自己看到了对方，也是

“请多关照”“好好相处”的表示。

至少要让孩子养成大声而清晰地打招呼的习惯，比如最基本的 8 个礼貌用语：早上好、谢谢、不好意思、对不起、下午好、晚上好、再见、晚安。

而且，孩子在和外人打招呼的过程中，会产生一种自信，感到自己也是这个社会的一员，可以和别人交流沟通。

我是快 50 岁的人了，在面对初次见面的人或交往不深的人时，真诚地打个招呼，再聊上几句，仍然会觉得心里舒服了很多。孩子们应该也有同样的感受吧。

另外，让孩子懂得珍惜，不浪费东西，祖父母来教或许效果更好。

孩子们很容易转移注意力，喜欢的东西和感兴趣的东西也经常变，原本很喜欢的文具和书包可能很快就厌倦了，想要买新的。

如今的社会，人们都在大量生产、大量消费，崭新的产品不断地被制造出来，又很快消失。

除了衣服和鞋子这种长大了就穿不了了的东

西之外，对于其他物品，希望祖父母能通过自己的经验，教孙辈珍惜东西，一根铅笔也要用到不能用了为止。如此一来，孙辈就能懂得珍惜，并成长为关注社会动态和环境的人。

20. 祖孙共读益处多

我在给家长们做讲座时，强烈推荐想要培养高智商孩子的家庭，去践行阅读的六字箴言“**说看写听读查**”。

- **说：**多和孩子聊天，聊时事。
- **看：**和孩子一起去看很多新鲜事物，增加感动的体验。
- **写：**和孩子一起写文章、一起画画。
- **听：**耐心地把孩子的话听完，也让孩子听听爸爸妈妈的想法。
- **读：**和孩子一起读书、看报纸。
- **查：**和孩子一起查词典、图鉴等。

这些事情并不仅限于爸爸妈妈跟孩子一起做，

祖父母也是可以参与的。

祖父母可以和孙辈一起去的地方很多，比如美术馆、博物馆、公园、动物园等，还可以一起去演唱会、音乐会等，并且一起为之感动。

小学生到了高年级，和爸爸妈妈一起出去时，即使很感动，也很少会说：“爸爸妈妈，快来快来！这里这里！”但要是被祖父母带着，孩子就更容易把自己的感动表达出来。

另外，在观赏绘画作品和游览历史遗迹时，爸爸妈妈那一代感受到的和祖父母那一代是不一样的，孩子也可以通过祖父母得到另一种视角的感受。

在我采访的家庭中，有孩子说“我会和爷爷一起去看棒球”“奶奶带我去听她特别喜欢的音乐会了”。我继续追问，孩子们告诉我：

“我爷爷以前是高中棒球部的王牌队员，经常教我‘不能只打快球，要搭配着慢球打，不然可赢不了’，非常有意思！”

“奶奶告诉我一定要仔细观察。观察对手的上场队员和击球手的姿势，就能知道他们的目的了。”

“听音乐会很开心，但我更喜欢的是散场之后跟奶奶交流感受，奶奶给我买了音乐会的演出宣传册，一边读一边给我讲她去美国、法国的事儿，我听得特别开心。”

孩子回答的内容虽然完全不一样，但他们能从爷爷那里得知“快慢球搭配打”，从奶奶那里学到“观察事物的重要性”，还能放眼世界。从这些方面来说，“祖孙一起看”的效果是巨大的。

另一件祖孙可以一起做的事情就是阅读。

孙辈上小学低年级的时候，祖父母可以代替孙辈的爸爸妈妈给孙辈读书。

同样一个故事，祖父母读和爸爸妈妈读，抑扬顿挫不一样，语气也不同，孙辈会带着前所未有的新鲜感沉浸到故事之中。

而且，祖父母为自己读书的温暖记忆也会一直留在孙辈心中。希望祖父母能多主动问问孙辈：“要不要给你读本书啊?”

如果孙辈已经是小学中年级以上了，祖孙一起读报纸也是可以的。

祖孙最好一起读面向小学生的报纸。一般的

报纸印刷字体小，又不是用通俗易懂的语言写成的，对孙辈来说恐怕是非常难懂的读物。

不过，报纸上刊载的照片、大大的标题都会吸引孙辈，祖父母要是能用自己的语言给孙辈解说也是很好的。

现在，孩子们在学校都会学到原子弹爆炸、地球变暖加剧等时事动态。

我在向小学四五年级的学生进行采访时，非常吃惊于他们知道的竟然这么多，有一些可能是在学校里学到的，另一些很可能是和家长一起读报纸、读新闻时了解到的。

据我了解，大多数爸爸妈妈在这方面做得都不怎么到位，所以希望祖父母多花心思。

21. 祖父母可以给孙辈营造令人感动的场景

周刊杂志《每日》曾发布过一篇很有深意的封面文章，这篇文章以大型补习班的教师为对象，对成绩提高快的学生的共同点进行调查。

◆ 对东京教育机构负责人及教务主管的调查

成绩提高快的学生的共同点是什么？

- 听话：58%
- 注意力集中：53%
- 有自主性：43.5%
- 积极：40.5%
- 善于提问：38.3%
- 能坚持、忍耐：35.8%
- 有良好的生活习惯：34.8%
- 好奇心强：34.3%

其中，最引人注意的是排在第一位的“听话”。

确实，如果孩子听话，就会很容易接受老师和家长的教导，成绩也就提高得快。在运动方面也如此，能够听进去教练指导的孩子进步大，听不进去的孩子除非身体素质特别好，否则进步会很小。

毋庸置疑，要想把孩子培养成听话的孩子，爸爸妈妈的作用是非常重要的，但祖父母也能起到很大的支持作用。

不论是孩子的爸爸妈妈，还是祖父母，都要注意以下行为的重要性：**好好倾听孩子的心声、表扬孩子优秀的方面、肯定孩子的努力、接受大人和孩子原原本本的样子。**

在实际生活中，不管祖父母和孙辈是否住在一起，和孙辈的距离都没有爸爸妈妈那么近，而且两辈人和孩子相处的模式也不一样。

比如，祖父母可以给孙辈营造令人感动的场景。

人是感性的，能在看到美丽的东西时感受到美丽，在看到酷炫的事物时体会到酷炫。

这种感性是坦诚地感知自己的不足，并不断追求进步的原动力，和前面提到的调查结果中的自主性、忍耐力、好奇心等都是关联的。所以，为了培养孙辈丰富的感性，让孙辈获得孩提时代才有的感受，祖父母要不要尝试成为出色的演员呢？

例如，前文提到过，祖父母应该重视每个季节的传统节日，可以带孙辈到各种地方去看大千世界，还可以在孙辈的生日聚会上给孙辈做装饰蛋糕当生日礼物，布置美丽的鲜花，让孙辈心花怒放，只要在力所能及的范围内让孙辈感动就可以了。

22. 祖父母一定要遵守和孙辈的约定

我在采访企业的丑闻时，曾接触到企业不遵守约定、掩盖问题、隐藏事实等，如果孩子通过新闻知道了这些事，会不会受到不好的影响呢？这让我感到很不安。

就为人处世的能力来说，不说谎，不欺瞒，再小的约定也要遵守，并不断地坚持这样做，能让孩子通过不断地积累，赢得周围的人对自己的信任，并使其今后跟更多的人互相支持，建立自己强大的人脉关系。

把可爱的孙辈培养成受到信任的人，祖父母首先要遵守约定。

就我自己而言，我能够很好地遵守工作上的约定，但总会不小心忘记跟妻子和孩子的约定，或者会在忙的时候说“下次再去吧”，随便敷衍过去。

现在的爸爸妈妈可能也跟我差不多吧。

明明答应了孩子“这次的音乐会爸爸一定去听”“明天妈妈给你买冰激淋”，却根本没想自己如果不能履行约定会怎么样。

孩子是很不可思议的，他们对这些小小的事情都能记得很清楚。所以，就算是小小的约定，爸爸妈妈们也一定要履行，不然，失去了孩子的信任，甚至失去了孩子的尊重，可就是大事了。

不过有些爸爸妈妈和我一样，已经失去了孩子的信任。所以，如果祖父母能坚持履行和孙辈的约定，孙辈未来在履约方面应该会做得好一些。

我这样说好像是在让祖父母帮孩子爸妈善后，真是有些不负责任。不过，如果祖父母也随便地对孙辈爽约，或者掩饰自己忘掉了约定的事实，孙辈可能会觉得，跟大人的约定根本就是说说而已，自己也不再遵守约定，随便爽约。所以，还是希望祖父母能成为遵守约定的“最后一道防线”。

当然，如果祖父母遇到自己的子女，也就是

孙辈爸妈不遵守约定，可以当着孙辈的面告诫他们："不论什么约定都是约定，既然跟人家约好了，就应该好好履行。"当孙辈毁约的时候也可以教诲孙辈遵守和履行约定是多么重要的事。

人在进入社会之后，不但要遵守大的约定，也要坚持遵守小的约定，这关系到信任的建立，希望祖父母能帮助孙辈一起打好这个基础。

23. 祖父母偶尔犯错，应该诚恳地向孙辈承认错误

在第 21 节我讲过，无论是在学习方面，还是在运动和艺术方面，家长想让孩子快速有效地提高能力，一个很重要的因素就是要把孩子培养成为懂事的孩子。

有着"三人行必有我师"认识和他人接触的孩子，与不怎么听取他人建议的孩子，将来和他人相处的能力肯定会有很大差距。

因此，前面提到的祖父母要教给孩子知礼仪、

懂礼貌、感情丰富、履行约定等，是非常重要的，如果还有余力，祖父母还可以教孙辈“好好道歉”“诚恳认错”。

让人意想不到的是，曾活跃在商业最前线的祖父中，很多人都没有向人道歉的习惯。

我在采访考上名牌大学的考生的爸爸妈妈时得知：

“我公公当了很多年公务员，他觉得承认错误会影响公家的立场，所以即使没能遵守和孙辈的约定，他也说不出‘爷爷错了’。也不知道两个孩子是跟爷爷学的，还是继承了爷爷的 DNA，他们都不会说对不起。”

“我爸爸经常跟我说，男人是不能随便道歉的，他也这样告诉我儿子，这让我很不好办。”

在我的采访记录里只记述了不认错、不道歉、不改正的祖父，现实中应该也有顽固地不肯道歉的祖母。

有这样的祖父母，孙辈就很难被培养成懂事的孩子了。所以，当祖父母犯错误的时候，比如对孙辈爽约了，把孙辈很喜欢的东西弄坏了等，希望祖父母能好好地跟孙辈道歉。

告诉孙辈犯错了就好好地道歉，承认错误不但不是羞耻的事情，反而是很勇敢的、值得为之骄傲的行为。

还有一点，就是不要掩饰事实或推卸责任。

当孙辈指出："爷爷，您上次教给我的不对！"这时不要挑衅地跟孙辈说："我就是错了怎么了？"或者掩饰地说："也可以像我那么说。"应该承认自己的错误并向孙辈道歉："是嘛，爷爷应该好好查一下再告诉你，对不起。"

当孙辈问道："奶奶，您不是答应我，这次把玩具拿给我的嘛。"不要把忘事的责任推给第三个人："在奶奶出门的时候，爷爷拜托奶奶做另一件事，所以……"要正面坦诚地向孙辈说对不起，是自己疏忽了，对孙辈说："对不起，奶奶完全忘记了，下次一定带给你！"

第3章

祖父母如何助力孙辈社会能力的培养

24. 祖父母可以给孙辈讲讲自己小时候的事情

我去岐阜县做演讲的时候，主办方给了我一个小册子。

仔细一看，书名是《孙辈培养指南手册》，书中内容分妊娠期、分娩期、哺乳期、幼儿期、学龄期 5 个阶段，来指导祖父母如何养育孙辈。

手册中写到了如何消除祖父母和孩子爸妈在育儿方面的“代沟”，其中罗列了祖父母“被迫做的不喜欢的事情”。

“每到周六日，儿子媳妇就带着孩子过来吃饭，真希望他们不要把我们的周末全给霸占了。”

“不管什么事都要找我们拉赞助。”

“孩子爸妈不理解我们，照顾孩子其实很累。”

手册写出了不少祖父母的心声，虽然他们也很疼爱孙辈，但负担太重会使他们很苦恼。

即便如此，我还是想诚恳地对祖父母说，要想让疼爱的孙辈健康成长、好好学习，进入社会后能独立生存和发展，祖父母的教育是非常非常重要的。

从和任何人都能协作并建立良好关系这个角度来说，培养孩子的社会性是很重要的，但“社会能力”和我们通常所说的社会性是不同的，它是指在急剧变化的未来，人们想要生存下去必须掌握的更为重要的能力。

教育社会学者门胁厚司在他的著作《孩子的社会能力》中，对“社会能力”是这样定义的：“创造社会、运营社会、不断改造社会所需要的资质和能力。”

换言之，就是要**主动地融入社会，并改善社会，同时适应社会的变化，并追求自我提升，这样的能力就是“社会能力”**。

从定义来看，培养孩子的社会能力好像是一件很难的事，但其实迈出第一步并没有那么难。

祖父母可以偶尔跟孙辈聊一聊自己或自己的儿女——也就是孙辈爸妈童年和少年时期的故事。

祖父母生活的时代是什么样的时代呢?

祖父母在那样的时代是怎么生活的呢?

爸爸妈妈是在什么样的时代出生的?是什么样的小孩呢?

我建议祖父母利用各种机会和孙辈聊聊这些,比如玩耍、散步或吃饭时。

从“二战”后的贫穷时代生存下来的祖父母的故事,可能会让孙辈非常震惊。祖父母把当时流行的歌曲及其他流行事物,20 世纪五六十年代学校的样子,加上自己的回忆一起讲给孙辈听,他们一定会觉得非常有趣。

祖父母讲的爸爸妈妈小时候的故事也一样,孩子也一定很爱听。

如果祖父母能把“在当时的时代背景下,读书时爸爸妈妈是怎样的小孩,为了什么而努力学习”告诉孙辈的话,他们一定能够从中领悟坚持和奋斗的重要性。

孙辈内心发生的变化虽然不会马上反映到他们的学习成绩上,但这些承载着一家三代人成长史的回忆,会慢慢变成孙辈内心最有力的支撑之一。

25. 祖父母可以给孙辈讲讲商业社会的规则

为了培养孙辈的“社会能力”，祖父母和孙辈多聊聊商业社会的规则是非常重要的。

在一个家庭里，如果爸爸妈妈和孩子平时的沟通不是很紧密，孩子更愿意听祖父母的话，那么，这方面的教育就要祖父母来负责了。

比如，爷爷和孙子去麦当劳用餐，爷爷给孙子点了汉堡套餐，两人一边聊孙子在学校和同学们的相处小事，一边吃汉堡。此情此景下，建议祖父母在享受和孙辈共度美好时光的同时，再多花一点心思。

比如，祖父母可以这样向孙辈提问：

“你知道在麦当劳当服务员，时薪是多少吗？”

“最近麦当劳关了一些店，你知道吗？”

对于这些问题，中学生也许能听懂，但小学生估计连“时薪”的意思都不知道，更不可能知道具体金额是多少了。而麦当劳削减店铺数量的事情，他们肯定也不知道。

这时，祖父母就可以给孙辈解释什么是时薪，根据行业的不同时薪有怎样的差距，企业是怎样削减不必要的费用来确保利润的，等等。话题从孙辈非常熟悉的快餐店麦当劳展开，在他们能够理解的范围内，祖父母给他们讲解一些常识，效果是很不错的。

再比如，一起去便利店的时候，祖父母可以给孙辈讲讲“学会选择摆放在货架里的商品的重要性”“这家连锁便利店和其他连锁便利店之间的竞争是怎样的”等。

讲完之后，祖父母还可以继续引导孙辈：

“虽然我是这么给你讲的，但不见得我讲的就是完全正确的，回家之后我们一起用电脑查一下，日本一共有多少家知名便利店吧。”

带着孙辈去菜市场的时候，在孙辈能够理解的范围内，祖父母可以给他们讲解，为什么卷心菜和生菜等叶子菜最近涨价了，某国进口的食品为什么比本地的食品便宜，等等。这样一来，孙辈有可能开始对环境问题和人力成本问题产生兴趣。

同样的，祖孙一起去饭馆时也可以讲类似的问题。

对孙辈来说，比起从教科书中学习知识，他们肯定更愿意和祖父母一起在现场实地调查（如麦当劳等快餐店、7-11 等便利店），这样才能得到真正的社会实践经验。

26. 祖父母可以给孙辈讲讲关于职业和工作的事情

一次，某 NPO 组织在东京举办了一场面向祖父的育儿讲座，给我留下印象最为深刻的，是主办方发言中的一句话："这个年代的男士是我们的天敌。"

因为这个 NPO 组织极力提倡爸爸教育孩子、祖父教育孙辈，所以，那些无暇顾及家庭、长时间工作、把对孩子的教育全都委托给妻子的工作狂，对他们来说是天敌。

但是，反过来说，我倒是觉得，在职场打拼

的祖父和支持祖父的祖母，对于培养孩子的社会能力能够做出很大的贡献。

下面请大家跟我一起来看一项调查。

◆ 祖父母的育孙情况调查

孩子爸妈一般把孩子托付给谁来照顾？

- 外婆：74.3%
- 奶奶：18.5%
- 外公：5.2%
- 爷爷：2.0%

外公和外婆会参与哪些育儿活动？（多选）

- 陪孩子做游戏：62.7%
- 照顾孩子起居：40.6%
- 带孩子去旅行：37.1%
- 在资金方面给予帮助：32.3%

爷爷和奶奶会参与哪些育儿活动？（多选）

- 陪孩子做游戏：47.1%
- 照顾孩子起居：26.7%
- 带孩子去旅行：24.6%
- 在资金方面给予帮助：24.4%

从这项调查可知，在孩子爸妈看来，孩子的祖父并不是很好的拜托对象。

从参与的育儿活动也可看出，孩子爸妈更多依赖的是孩子的外公外婆，总体来说，孩子爷爷对于教育孙辈的参与率是最低的。

但是，作为男同胞的一员，我强烈地呼吁爷爷们，你们中很多人曾经是驰骋职场的商业精英，因此你们应该发挥自己的优势来培养可爱的孙辈。

如果您有上中小学的孙辈，您可以用平实的语言给他们讲述工作的意义、钱是怎么赚来的，以及职业的种类及其工作内容。比如：

“工作可不仅仅是赚钱，在工作过程中会结识很多朋友，能提高自己的能力，为社会做出自己应有的贡献。”

“不彻头彻尾地做好分配给你的工作或者你想做的工作，是赚不到钱的哦！”

“据说这世上的职业多达30000种，有医生、老师、工人等，除此之外你知道还有哪些职业吗？”

孙辈读初中后，祖父还可以给他们讲述每种工作的收入和未来的发展等。

总而言之，祖父们要充分利用自己的人生经验，在培养孙辈建立自己的职业观方面予以助力。

27. 祖父母可以带孙辈参加 NPO 活动和志愿者活动

NPO 是指举办慈善活动的非营利组织。从 1998 年 3 月 NPO 法颁布之后，日本的 NPO 组织数量急剧增加，目前有约 47000 家合法的 NPO 组织。其中，有很多以“家乡建设”“环境保护”“国际援助”为主旨的 NPO 组织。

祖父母可以带着孙辈一起去参加这些组织的活动，这是让他们认识社会的好机会，让他们知道，“原来自己的家乡还有这么宝贵的文化遗产”“要想让居住地周边的环境一直那么美该怎么做”“在我居住的区域原来有这么多老年人，他们都需要帮助”，等等。

例如，在神奈川县镰仓市有很多自治体高举“武家的古都镰仓”旗帜，努力申请世界文化遗产项目，他们创立了很多建设家乡的NPO组织。

只要在搜索引擎中搜索“某某市”“NPO”，马上就会出现一览表和联系方式。祖父母可以选择自己感兴趣而孙辈也会喜欢的团体，尝试去参与其组织的活动。

比较容易参加的志愿者活动有“和外国人进行国际交流”“捡空瓶子、清扫公园”等。祖父母和孙辈一起参加这样的活动，可以引起孙辈了解世界上其他国家的兴趣，还可以教会孩子要有规矩、珍爱环境等。

志愿者活动字如其意，不要求回报地与其他志愿者协同合作，对培养孩子的协作能力有所助益。

28. 祖父母比孙辈的爸妈更适合给孙辈讲成语和谚语

教孙辈成语和谚语，不仅能使孙辈的语言能力提高，还能使孙辈的社会能力提高。

为什么这么说呢？因为成语和谚语中包含人生的智慧，关系到人的教养。但是，忙于工作而无法保证和孩子充分交流的爸爸，还有因工作和家务忙得团团转的妈妈，可能很难抽出时间教孩子成语和谚语。而且，这些三四十岁的爸爸妈妈恐怕不如祖父母掌握的成语和谚语的数量多，也不如祖父母对它们的理解深。

祖父母可以这样将成语和谚语讲给孙辈听：

- 坏事传千里：如果做了坏事，马上就会传得周围人都知道。
- 水滴石穿：只要百折不挠地坚持下去，做任何事都会成功。
- 欲速则不达：不采取踏踏实实的方法做事，看起来好像是抄近路，其实反而是绕远了。
- 未雨绸缪：事先做好充分准备，就不会失败。
- 先发制人：先采取行动的人会获胜。
- 近朱者赤：和什么样的人交往，对自己会有很大的影响。
- 事不过三：同样的事不宜连做三次。
- 忠言逆耳：真诚的劝告听起来让人不舒服，

却对端正行为有帮助。

现在的孩子听了成语和谚语可能会说："爷爷奶奶，这些话听起来就像在教训人，有点烦。"

家长们确实不应一味地说教，不过祖父母不要气馁，当孙辈遇到困难时，祖父母用成语或谚语来点拨他们是非常有效的。

告诉孙辈要有耐心，可以用"水滴石穿"；

建议孙辈着手做某件事，可以用"不劳则无获"，或者"车到山前必有路，船到桥头自然直"；

孙辈失败了，可以告诉他"祸兮福所倚"。

最近中考试题中也增加了成语和谚语题。祖父母给孙辈讲这些，孙辈不仅能懂得道理，还学习了成语和谚语，有助于提高考试成绩，真是一举两得。

这些点点滴滴的小事也会积少成多，影响孙辈社会能力的形成。

29. 祖父母应该给孙辈讲讲社会秩序和社交礼仪

我上班乘坐地铁时，经常会遇到东京某知名私立高中的学生和去上“著名”补习班的小学生。

他们中的很多人非常没礼貌，等车的时候从不排队，直接上前插队；有老人和孕妇上车，他们从不会让座；踩到别人的脚，他们从不道歉，还总是大声喧哗；车厢里非常拥挤的时候，他们那印有学校名字和校徽图案的书包还被放在地上，导致后面上车的上班族根本上不来。

说实话每天我都会想：“这些孩子虽然进了那么有名的高中，但根本不懂礼貌，以后也不会成为德才兼备的人。估计他们的家长每天只会督促他们考进更好的大学，却没有教过他们礼节与教养。”

不仅如此，有一次我看到一家三口上了车，竟然是孩子坐座位，爸爸妈妈把着扶手站着。

我曾在国外留学和生活，在那些国家情况正相反，如果一家人一起乘地铁，都是父母坐着，孩子站着，看来日本和国际标准还是有很大差距的。

我在前面也提过，不要把孩子养成“小皇帝”“小公主”，但如果父母不能将这一做法贯彻到底的话，就只能指望祖父母来教育孙辈社会礼节和规则了。

我们在本章开头已经探讨过“社会能力”，具备社会能力的人能够主动地融入社会，更好地改造社会，能够适应社会的变化，并不断提高自己的能力。

为“社会能力”下定义的门胁厚司先生在他的书中写道：“成人对成长过程中的下一代大人负有很多的责任，而最重要的就是对他们的言行做出认真的回应，这样才能把孩子培养成德才兼备的人。”

比如，祖父母有责任告诉孙辈，乘坐公共交通工具的时候应该怎么做，包括要排队，有老年人、孕妇或者残疾人上车要让座，不能只顾着自己高兴就大声喧闹，任何行为都不能给其他人造成困扰。

另外，当祖父母和孙辈一起乘坐地铁或者公交车的时候，除非孙辈还很幼小或者身体不舒服，有空座位时应该请祖父母先坐。

也许，有的祖父母会觉得“只是坐地铁而已”，不必在出行时还这么费心地教育孙辈，但很多人都会乘坐公共交通工具，这里是社会的一角，所以，这是祖父母教孙辈礼仪，帮他们建立规则意识的一个好机会。

此外，以上这些礼仪和规则也适用于公共图书馆、酒店大堂、餐厅等很多人聚集的地方，以及办公场所等。

祖父母不要只想着要对孙辈和蔼可亲，该教育的时候一定要及时教育他们。

除此之外，打招呼、拿筷子、放鞋子、叠被子这些事情，祖父母应该在孙辈上小学时就教给他们。

我曾向在大学教过的学生和单位的下属指出，他们拿筷子的方法不对，可有人说那是自己的个性拿法。所以，祖父母应该在孙辈小时候就着力培养他们知礼节，教导孙辈遵守社会规则和规范。

当祖父母和孙辈一起乘坐地铁或者公交车的时候，除非孙辈还很幼小或者身体不舒服，有空座位时应该请祖父母先坐。

30. 分住的三代人应该经常进行家庭聚会

我在美国留学的时候，曾先后寄宿在东海岸的波士顿、中西部的威斯康星州的密尔沃基和肯塔基州首府法兰克福的美国人家里。

让我很吃惊的是，每个寄宿家庭的祖父母几乎每周都会很自然地邀请儿子或者女儿一家到家里聚会。

虽然，我此前已经从美国电影中了解到美国人很喜欢聚会，但亲身经历时，感受还是很不一样的。

仔细观察后我发现，祖父母请孙辈们到家里来玩儿，不仅增进了祖孙之间的交流，还能让孙辈感受万圣节、感恩节等节日的气氛，祖父母还有机会教孙辈用餐礼仪和餐后如何收拾整理。

那么，在日本情况如何呢？

首先，日本没有寄宿传统。其次，日本的房子一般比较小，也没有足够的空间让祖父母经常请儿子一家或者女儿一家来玩儿。另外，在日本，尤其是东京和关西这种以都市为中心的地区，很少能见到请很多人同时来家里的情况。

虽然如此，我还是建议和孙辈分开居住的祖父母，只要自己的房子不是特别局促，还是不要怕麻烦，偶尔请孙辈一家来玩一玩。

从祖父母的角度来说，这样做的主要目的就是增加和孙辈接触的机会；但从孙辈的角度来看，他们在祖父母家是访客，爸爸妈妈会要求他们：

“见到祖父母时要好好打招呼！”

“玩完玩具之后不能像在家里一样，要收拾好哦！”

“大人说话的时候不要去打扰哦！”

“去祖父母家要遵守祖父母家的规矩！”

“回家的时候要是祖父母送了什么礼物，一定要好好道谢。”

即便最开始的时候孙辈做得不太好，但他们慢慢就会习惯这些礼仪和规矩了。

和孙辈一家住在一起的祖父母，则可以试着邀请自己的朋友和熟人来家里玩儿，带着孙辈一起招待客人，让客人在家里玩儿得开心。

孩子的爸爸妈妈可能会对访客的到来面露难色，比如他们会说“哎？要来三个人？”或者“突然说要来不太好办”等。

这时，祖父母可以让孙辈以主人的身份来招待客人，并告诉孙辈爸妈：“没关系，我们可以请孙子孙女给我们帮忙。”

在招待客人的过程中，祖父母可以教育孙辈，一个人的社会能力中很重要的一点是，不要总是想着从别人那里得到好处之后才施与，而是要无私地为他人奉献，并因此感到快乐。

对于还是小学生的孙辈来说，“我把玄关收拾好，大人表扬我收拾得非常干净，太舒服了”“我帮忙做好的菜，客人非常喜欢吃”，这些反馈都是孙辈为他人、为社会奉献与付出的最初体验。

所以，祖父母不要觉得来客人很麻烦，随便准备一下就请人家来，要让孙辈看到，怎样做才算得上是用心招待客人，让孙辈切身体会到，让别人开心也是一件值得欣喜的事情。

31. 祖父母可以给孙辈讲讲如何使用金钱

正在读这本书的祖父母，你们觉得应该干涉孙辈的事情吗?

- 完全不干涉。
- 孩子爸妈需要的话，会帮忙管一管。
- 发现孙辈有不对的地方，会主动指出来。
- 认为自己和孩子爸妈有同样的责任。

估计选最后一项的是少数派，大部分祖父母选的应该是第二项或第三项吧。

当然，如果孩子的妈妈也从事全职工作的话，其祖父母尤其是奶奶就需要代替妈妈履行职责，也就是第四项所描述的那样。不过，我认为无论是哪种程度的参与，祖父母都应该教孙辈具备自我管理的能力。

本章的主题是“培养孙辈的社会能力”。孙辈早晚要作为社会的一员在集体中生存，即便自己家里有产业，也要努力在所属的行业生存发展下去，所以，**控制情绪的能力和自我管理的能力是非常重要的。**

孙辈如果对爸爸妈妈的教育很逆反，容易发火，遇到没意思或不擅长的事情马上就想放弃，制定了目标却不为实现目标而努力的话，祖父母就要找时机给孙辈讲讲自己的经历，以及其爸爸或妈妈小时候的事，用简单平易的语言告诉孙辈，**诚实、忍耐和持续不断的努力是多么重要。**

可能有的祖父母会这样说：“我家的孙子总说我的想法早过时了，根本就不爱听。”

前面我说过，比起爸爸妈妈的话，孩子更能听得进去祖父母的话。即便祖父母的话他们并不爱听，但在他们装作听完就忘之后，其实心里也会留下印迹。

我们经常听到考入知名高中的孩子说：

“爷爷经常跟我说，就算没有实现愿望，只要努力就一定会有回报，爷爷的话到现在我依然记得。”

“奶奶曾说过，别人为你着想而给你的建议，你不要马上就反驳，要好好用心去体会。”

这些话都是佐证。

另外，培养孙辈的金钱意识对于他们具备自我管理能力也是非常有用的。

据调查，如今小学四年级到六年级的小学生平均每个月有 600～1000 日元（约合 30～60 元人民币）的零花钱。

这个额度本身是合适的，孩子们在这个范围内自己支配零花钱是没问题的，问题出在花光了零花钱的时候。有些祖父母总想着不要让孙辈在钱的方面受什么委屈，就随便把超出合理范围的钱给孙辈，比如 5000 日元（约合 300 元人民币）、10000 日元（约合 600 元人民币）。

这样孙辈就会觉得，只要自己的零花钱不够用，祖父母总会再给的。如此一来，每个月限定给多少零花钱就没有任何意义了。而且，当孙辈帮父母做家务后得到 500 日元（约合 30 元人民币）时，孙辈可能会毫不掩饰地表现出不屑。

在孙辈过生日或重大节日时，依着孙辈的恳求给他们买很奢侈的礼物，就会养出爱撒娇、不会忍耐的孩子。因此，在这个时候，祖父母要坚定地告诉孙辈："喜欢的礼物应该用省下的零花钱自己去买"或者"用爸爸妈妈给你的钱买吧"。

我采访过的孩子有的还会这样说：

"我爸爸妈妈很穷很抠门，但祖父母有钱又慷慨。"

"我父母最喜欢对我说，我们都是为了你，才努力工作赚钱的，你知道吗！"

所以，祖父母要教孙辈去理解人们为什么要赚钱，会把钱花在哪里；也要让孙辈知道不断积累经验并努力工作的重要性，对金钱要珍惜，还要懂得忍耐。

32. 祖父母可以和孙辈一起玩传统游戏

我曾参加过庆应大学横滨初级部的入学仪式，这是一所顶尖私立学府，毕业生未来可以直升庆应大学。

这所小学重视的是体验式教育、自我挑战教育、语言能力教育。作为庆应大学的附属学校，它以庆应大学的创始人、启蒙思想家福泽谕吉晚年创作的《福翁百话》中的一句话作为教育方针，即“先成兽身，后养人心”，意思是先让孩子锻炼身体，如野兽般强壮，再开始学习。

大家不要觉得这只是知名学府对精英人士的后代的教育方针，我认为其中也包含了适合您家孙辈成长的所有要素。

本书前面已经写到了“体验式教育”“自我挑战教育”和“先成兽身”的教育方针，祖父母也可以平时跟孙辈在一起的时候充分实践。

实践的第一个要点是，祖父母要和孙辈一起玩传统游戏。

祖父母比孙辈的爸爸妈妈的闲暇时间更充裕，可以和孙辈一起去公园玩捉迷藏、跳绳、抛接球等游戏。

这些传统游戏中包含的各种各样的动作，可以使孩子们在玩乐中锻炼身体。

玩捉迷藏时，孩子们会做跑、弯腰、立定、蹲等动作，横向和纵向的动作会交叉出现。

跳绳是一项能够提高心脏机能、增强耐力和

爆发力的游戏。

抛接球也不仅仅是抛球，接球的时候还要追着球跑或者蹲下来接球。

也许祖父母在陪孙辈做游戏的时候体力不太跟得上，但在不勉强的范围内带着孙辈玩儿，自己也能顺便锻炼身体。

孙辈通过玩游戏，不仅能把身体锻炼好，还会自然而然地产生凡事要做得更好的想法，想出玩得更开心的好点子。

◆ 年度儿童体力、运动能力、运动习惯变化的调查

50 米跑

- 男孩：9.05 秒→9.38 秒
- 女孩：9.34 秒→9.65 秒

掷铅球

- 男孩：29.94 米→25.23 米
- 女孩：17.6 米→14.55 米

这些数据很清楚地显示出，近些年小学生的体力差了很多。以初中二年级为对象的调查结果也类似，每周总运动时间不足 1 小时的男孩有

10%，女孩有20%~30%。

孩子们如果没有好的身体，以后做什么都会容易疲劳，耐力也跟不上。所以，天气好的时候，祖父母请多带孙辈出去一起玩传统游戏吧。而且，带着孩子出去玩儿，老年人还能结识住在附近的人，尤其对一直在工作的祖父们来说，绝对是一举两得。

实践的第二个要点是，祖父母要和孙辈一起做室内游戏。

室内游戏并不是指电脑游戏，而是我在前面提到的玩七巧板等益智玩具，甚至是搭那些需要花上好几天才能完成的大型积木。

玩这类游戏的目的，是让孩子体会每天一点一点搭建的乐趣、终于搭建好之后的满足感和成就感。

祖父母比孩子的爸爸妈妈时间更充裕，肯定能更好地陪孩子做这些游戏，请赶紧行动起来吧！

33. 祖父母可以通过向孙辈学习，帮他们提高表达能力

在采访东京最难考的私立初高中连读校 J 的学生时，我遇到了一位总能很清晰地回答我问题的女孩，还听到了一件关于她的很有趣的事。

我问她：

“你为什么要考 J 校呢？你从小学低年级就开始准备考试，中途有没有想过放弃？”

她回答说：

“因为我坚定地想去联合国或世界性的 NGO 组织工作，所以我要考上理想的大学，并具备很好的英语能力，最终在以研究世界问题著称的学校求学。”

“我也曾好几次都不想考了，不过放弃的话就前功尽弃了，所以还是坚持了下来。”

这个女孩很喜欢与家人交流，经常给父母和住在附近的祖父母讲自己小学里发生的事情和读

过的书的内容。

不过追根溯源的话，我发现最开始是祖父母有意识地让孙女给他们进行讲解的，这也是一个刚上初中的孩子语言表达的思路能如此清晰的原因之一。

例如，奶奶会问她：

“今天老师教你什么曲子了？快跟奶奶说说！”

“奶奶不知道怎么用 DVD 录像，你能告诉奶奶怎么使用遥控器吗？”

“明天我想去横滨，你能告诉我怎么坐车才换乘最少、到得最快吗？”

这个女孩的爸爸妈妈说，可能就是因为祖父母让孩子教自己干这干那，孩子才变得这么擅长语言表达的。

我觉得孩子父母的分析是对的。虽说这个女孩语速很快又聪明，但面对第一次见面的我也能如此清楚地表达自己，绝对不是天生如此。

应该说她的祖父母日常对她的“询问”，对于锻炼她的讲解能力起到了不可忽视的作用。

确实，在和孙辈的接触中，社会经验丰富的

祖父母能教给孙辈很多东西。

不过，仔细想想，其实孙辈非常了解的事物、擅长做的事情是有很多的，比如，祖父母以“请教”的态度问孙辈：

“某事怎么会这样呢？”

“某物应该怎么用呢？可以告诉我吗？”

祖父母这样做不仅解决了自己的难题，要求孙辈用老年人也能理解的方式来解说事物，还培养了孙辈的动脑和表达能力。这并不是说“老了要听孙子的话”，而是“年纪大了偶尔也要向孙辈学习”。

如今很多祖父母觉得自己还不老，可以不时地向孙辈提问，比如：

“独角仙是怎么度过一生的啊？教教我吧。”

“这本书讲的是什么故事啊？给我讲讲吧。”

“今年我想用电脑做几张电子贺卡，教教我吧。”

“我想录手机视频，你帮我选选手机品牌和型号吧。”

这样的问答不仅能使祖父母获取更多信息，还能使孙辈提高语言表达能力，祖父母要不要多多尝试呢？如果孙辈进行解说后，祖父母还是没弄明白，请不要不好意思，让孙辈以您能理解的方式继续说明。这样一来，孙辈就会更认真地思考向您解说的方法，提高表达能力的效果会更好。

不论是文科生还是理科生，在面试、做报告、进行产品开发、参加商业活动、和上司的对话等各种各样的场合，都需要具备较好的语言表达能力，而祖父母可以在“向孙辈学习”的过程中，培养孙辈这方面的能力。

34. 祖父母应该让孙辈了解老年人的生活

调查表明，在日本，每 3 个人中就有 1 个 65 岁以上的老人，这已经导致社会保险金的增加和劳动力不足等问题。

身处这样的时代，祖父母这辈人应该告诉孙辈社会的现实，让孩子了解祖父母的老年生活。

当然，祖父母告诉孙辈，“每 3 个人中就有 1 个老年人”，社会保险金的增加导致了消费税率的提高，即便已升入小学高年级，孩子们可能都很难真正理解其中的意思。

但是，孙辈目睹了祖父母老去的过程，当祖父母谈起自己的护理和医疗的问题，孙辈应该能很容易明白其中的艰难。

而住得远的祖父母，正因为不能经常和孩子见面，他们增加的白发和皱纹、越来越严重的驼背状态，会给孙辈留下更深刻的印象。

祖父母可以这样谈及自己的生活：

“最近爷爷腿脚不如以前了。”

“奶奶还以为自己挺年轻呢，其实耳朵已经挺背的了。”

听到这些话，孙辈心里自然会产生体恤之情。这种体恤之情会从有血缘关系的祖父母那里，延伸到孩子所遇到的其他老年人身上。

不仅如此，当孙辈听到祖父母和爸爸妈妈讨论护理问题和医疗问题时，多少也会知道“养老机构既有公立的又有私立的”“现在的医疗制度存在某些问题”等。

这些会影响孙辈今后选择学校、选择就业，

甚至激发孙辈对自己的职业规划——不仅包括对未来从事职业的憧憬和选择，还包括通过工作实现人生理想——的思考。

这些事情都会影响孙辈的成长，**当孙辈学会体恤老年人、体恤他人时，就能成长为有温度、有理想的人。**

实际上，当现在的孙辈们成长为成年人的时候，全球老龄化问题会更严重。

到时候的情况和现在可能又完全不一样了，医疗和养老专业的难度会增加，大学生就业的热门企业中也会出现发展势头良好的养老企业。

当然，孙辈年龄尚小，还没有必要立即采取什么行动。但孙辈可以通过和祖父母的对话，在无形中了解一些社会现实，学会一些课堂外的知识，进而产生对未来的想象，并使之成为培养自身社会能力的土壤。

第4章

祖父母如何助力孙辈学习能力的培养

35. 祖父母不要过多介入孙辈的学习和升学决策

有些祖父母没能上大学，一辈子都很辛劳，因此，他们会这样教育自己的子女："上了好大学，再进了好公司，这辈子就高枕无忧了。"

我的父母也是这样，我记得从我上小学开始，他们就一直给我灌输这样的观点。

从一定程度上说，这样的观点在 21 世纪到来之前还是很正确的；但现在时代不同了，论资排辈和终身雇佣制度不复存在，而且就算是大企业，也难逃被收购的命运，或难以避免经营难以为继的局面。可以说，如今即便上了好大学又进了好公司，对一个人来说不再是一劳永逸，其未来的人生仍然充满变数，无法被预测。

首先，"好大学"的定义发生了变化。

以前，在日本，"好大学"指的是以东京大学为代表的七所国立“帝国大学”和“早庆上智”——早稻田大学、庆应义塾大学和上智大学——三所日本顶尖私立大学。

现在，那些“大力协助学生就业，99%的学生都能在自己所期望的行业就业”的大学，才是经济类杂志推介的“好大学”。

也就是说，像我这样出生于20世纪60年代的人，小时候学到的常识已经行不通了，比我年纪还大的祖父母就更要注意了，最好不要把过时的“常识”硬性灌输给孙辈。

仍在商业最前线拼搏或刚刚从领导位置上退休的祖父，经常会对孙辈的爸妈说：

“孙子最近没什么进步啊，要不要换一个补习班啊？”

“不想办法让孙子上更好的中小学，孙子可进不了好大学啊。”

很多孩子爸妈都认为，孩子祖父的话会让自己无所适从。

◆ 对东京知名中学的学生家庭和祖父母共同居住情况的调查

祖父母和孙辈相处中最让孙辈的爸爸妈妈头疼的事情是什么？

- 对孙辈要读哪所学校指手画脚：11 个家庭
- 对孙辈的成绩特别在意：7 个家庭

这项调查是我对前文中提到过的东京知名中学 28 个学生家庭中的 18 个家庭提出的追加问题。这 18 个家庭中的孩子父母认为，“祖父母对孙辈教育的干涉让人有些郁闷”“教育孩子的决定权应该交给他们的父母”。

所以，我在此重申，**祖父母在教育孙辈方面给自己的角色定位，应该是后方支援、侧面支持。**

家庭教育的主体是孙辈的父母，祖父母不要过多介入孙辈的升学决策。如果祖父母想帮助孙辈提高学习成绩，可以带着孙辈去看大千世界，调动孙辈的好奇心，给孙辈一点放松的时间。

同时，祖父母最好不要在孙辈提高学习成绩、选择就读学校等方面，把自己之前的“常识”和价值观强加给孙辈的父母。

在日本，东京和关西等大城市的中考竞争已经白热化了，有的祖父母会对孙辈的父母说：

“M 中学？那个学校最近大学升学情况不如以前了，前一阵子有条新闻说，M 中学的毕业生考上东京大学的越来越少了。”

“S 女子学院？奶奶读书的时候，那都是学习不好的孩子才上的学校，还是别去了。”

“S 高中其实就是给好高中兜底的，让孩子中考升入那所高中，还不如干脆别让孩子参加高考了。”

确实，在很久以前，M 中学是很有名、很难进的学校，考入 S 女子学院的难度并不高，S 高中确实很一般。

但调查一下最新情况，祖父母就能了解到，M 中学已经变了样：比起增加考入知名大学的人数，更注重培养进入社会后能充分发挥自己能力的人才；比起应试教育，更注重如何让学生通过阅读来培养思考能力。

S 女子学院修整了校舍，更换了校服，课程设置大幅度改善，升学成绩提高了。该学院致力培养在社会一线拼搏的女性的办学宗旨，已经有口皆碑。

S 高中增加了“东大课程”“医学牙科课程”等，高中升学率很快就能超过国立名校了。

随着社会结构的变化和价值观的多元化，很多学校都认为，沿着老路走下去是不行的，所以它们也在不断谋求变化。

以前按照“一流学校”“中流学校”“末流学校”给学校进行排名的情况，如今已经发生了很大的变化。不仅考入这些学校的难易度有所变化，而且，很多父母都会从孩子的个性和爱好出发，来决定对孩子的培养方向，进而选择目标学校。

报考大学的变化也类似，明治大学就是一个很好的例子。明治大学成功地进行了一系列适应时代要求的改革，并得到了民众的认可，在全国范围内形成了一定的口碑。以前人们都说：“明治不论是人气还是排名都在早稻田之下，明治的学生都是早稻田的落榜生。”现在，这种看法已经被推翻了。

明治大学建成了都市型校园，在日本八个大城市进行所有专业的统一考试，还设置了帮助女性进入社会工作的新学部。当明治大学成功完成了这一系列的改革之后，如今，想要报考明治的学生数量已经超过了早稻田，“一定要读明治而不是早稻田”的忠实粉丝越来越多了。

加上明治大学的就业指导工作做得也非常好，说不定不久以后，“高于早稻田和庆应的就业率”就会成为它的新“卖点”，使它成为私立大学中的佼佼者。

我认为，正在读本书的祖父母们，应该已经预想到这样的事情了。

曾在企业工作的祖父母一定深深知道，东京大学毕业的下属并不一定是优秀的下属，人生也并不是由分数来决定的。

因此，祖父母不要干涉孙辈择校的问题，也无须过问孙辈的学习成绩，在孙辈的爸爸妈妈为孩子的择校和成绩而烦恼的时候，倾听他们的烦恼，并鼓励他们说："你们很努力，把孩子培养得很好。"对于祖父母来说，这样的立场是最好的。

另外，祖父母可以思考一下，自己还能做哪些有助于孙辈成长的事，多和孙辈共度欢乐时光。

36. 祖父母不要将孙子和外孙区别对待，也不要专宠长孙

"我对孙子、孙女的培养还是投入了很大的精力的，但对外孙子、外孙女并没有这么做。"

"我对外孙子、外孙女的培养还是投入了很大的精力的，但对孙子、孙女并没有这么做。"

作为祖父母的您，是不是也曾说过上面的某句话呢?

当然，从祖父母的角度来看，会觉得自己对孙辈们都是同等对待的。

可是，在孙辈的爸爸妈妈看来并非如此，这与其兄弟姐妹之间的竞争有关。

我在采访中，收集到了以下来自孙辈爸妈的“委屈的抱怨”：

“我父母觉得我大哥家的孩子哪里都好，在经济上也很支持，可是对我们家孩子却什么都没给过。两个孩子同岁，他们对我们家孩子就爱说一句话：‘要争取比你表哥考上更好的学校啊。’”

“我爸爸经常买给我妹妹的孩子（外孙）买东西，还经常打电话问孩子学校的事，可能因为他是家里第一个出生的第三代吧。这导致我妻子竞争心理增强，让我们家孩子各方面都不要输给妹妹家孩子。”

“我哥哥家的孩子非常优秀，考上了东京第一梯队的私立中学。我们家孩子没有那么优秀，所以爷爷奶奶的所有期待都在长孙身上，对我家的孩子只是问问‘身体还好吧’之类的。”

祖父母不要将孙子和外孙区别对待，也不要专宠长孙。

祖父母对孙辈厚此薄彼，即使并非有意为之，孩子的爸爸妈妈心里也会萌生出强烈的竞争意识，比如“我们家孩子绝对不能输给哥哥家的孩子”，或者“我们家孩子一定要考进比妹妹家孩子就读的学校更好的学校”。

正因为“对手”是兄弟姐妹的孩子，所以孩子爸妈们才更有争个高低的想法。然而，这些想法都是直接冲着孩子去的，孩子自然会随之产生不能输给别人的想法，给自己增添很多没必要的压力。

37. 祖父母应该告诉孙辈为什么必须学习

很多孩子上小学后，都爱把这句话当作口头禅：“我最讨厌学习了！”

我每次听到有孩子这么说，心里都会受到打击，还有些泄气。不过，**如果家长对孩子的这种想法置之不理，孩子可能就真的会讨厌学习了，而且长大后也不会改变。所以，孩子上小学后，**

家长要有意识地帮助孩子保持较高的学习兴趣和求知欲望。

实际上，就算爸爸妈妈不断地高声对孩子说“快学习吧”，孩子也不见得能听进去。

有的孩子在考试之前还能勤奋学习，但考试结束后马上就不想学习了。

我通过自己做父亲的经历，以及对中考生的采访，深深地感到，要想激发孩子学习的欲望，让他们喜欢学习，并坚持努力学习，是非常不容易的。

有的祖父母会这样激励孙辈好好学习：

“要是你的成绩提高了，我就带你去迪士尼玩。”

“如果成绩通知单上写着‘优秀’，我就给你买你喜欢的游戏软件。”

祖父母偶尔这样激励孩子效果应该还可以，但孩子到了小学中高年级，就应该跟他们好好讲讲学习的本质，让他们真正明白每个人都需要学习的原因。

爸爸妈妈一般只会关注孩子眼下的成绩，特别是孩子当前需要在哪方面努力，这一点我认为也应该反省。

而经常这样做的结果就是，**爸爸妈妈一味关注导致成绩下降的“错题”和孩子没掌握的“盲点”，以此严厉批评孩子，激起孩子的逆反心理，孩子即使当时没有与父母对抗，也会非常不开心。**

面对这样的情形，祖父母可以站在比爸爸妈妈更客观的立场，回顾自己培养孩子的经历，相对冷静地告诉孙辈学习的必要性。**比起爸爸妈妈的训斥，孙辈肯定更爱听祖父母的教导。**

曾在社会最前线拼搏过的祖父母一定知道，进入社会后最重要的不是拥有“东大毕业”这样的学历，而是具备提升自己的持续学习能力。

所以，祖父母不需要长篇大论，用简单朴实的语言告诉孙辈为什么必须学习，更容易打动孙辈。

首先，可以按学科分门别类地告诉孙辈必须学习的理由。

语文——“爷爷读了很多文章之后，语言丰富了起来，跟别人谈话和写工作材料的水平都有所提高，受益匪浅。”

数学——“奶奶很不擅长算数，不过我通过自己的努力，解出了很多题，我发现难题并不可怕，通过积极的思考，真的能找到答案。”

英语——“会英语就能与世界各地的朋友无障碍交流，奶奶现在还后悔没有把英语学得更好呢。”

理科科目——“在生活中，我们会发现很多不可思议的现象，通过理科科目的学习，我们就能知道它们是怎么发生的了。”

文科科目——“踏踏实实地学习文科知识，慢慢去理解世界上发生的事，找工作的时候就更容易选到自己喜欢做的事了。”

如果孙辈已经上小学高年级或中学了，祖父母还可以用更有逻辑的语言来给他们解释学习的必要性，比如可以给孙辈讲讲大地震之后日本社会发生的变化，孩子们就会更明白，只有具备主动学习意识的人，今后才能更好地生存下去。

如果孙辈是小学低年级学生，祖父母可以试试这样“煽动对未来有着无限憧憬的”孩子们：

“数学学得好的孩子，很受同学们欢迎的哦！”

“理科学得好，以后能当宇航员！”

“学好了英语，长大后就可以到世界各地工作哦！”

38. 祖父母应该教导孙辈想成功必须靠努力

前面我们提到过，即便读了好大学，也不见得未来的人生就高枕无忧了。然而，不论过去还是现在都不会过时的是，“想成功就一定要付出相应的努力”。

祖父母可以告诉孙辈：

“努力不一定有回报，有些人几经努力也没有成果，因为运气和他人的提携都会影响一个人进步的速度和结果。

但不努力就不可能成功，每一个成功者都是在不断努力之后才取得了最终的成就，这是亘古不变的真理。”

要让孙辈明白这些道理，好办法之一就是**与**

孙辈共读世界名人传记或给孙辈讲名人故事。

例如，海伦·凯勒患有眼疾，遇到莎莉文老师之后，她努力克服重重困难，写就《假如给我三天光明》这本名著，影响了全世界千百万读者。

又如，开创了护理事业的南丁格尔、电话的发明者贝尔、发明大王爱迪生，以及失聪后仍然致力于音乐创作的贝多芬，他们的故事都是很容易找到并能引起孩子兴趣的好故事，足以让祖父母向孙辈证实“不断努力的重要性”了。

孩子到了小学三年级以上，以前常常给孩子读书的家长，会缩短亲子共读的时间。

所以，祖父母正好可以代为给孙辈读传记故事，让孙辈了解有成就的人的人生智慧，一定会对孙辈有很大益处。

当然，也没有必要时时事事都激励孙辈要像伟人、名人那样努力，给孙辈讲传记故事或分享伟人说过的名言，孙辈会更容易接受。

另一个好办法是**给孙辈讲讲体育运动员如何努力训练和成功夺冠的故事。**

当从电视中看到运动员在竞技场上奋力拼搏，以及面对媒体的从容自若，很多祖父母可能会萌生这样的想法：

“我真想把孙辈培养成高尔夫球手石川辽或花样滑冰选手羽生结弦那样的人。”

“我希望孙辈也能有浅田真央那样坚忍不拔的精神。”

其实，从运动员身上感受到奋斗和坚强的不只是祖父母，孙辈们也会受到很大的影响。

◆ 儿童对媒体的认知调查

儿童受到了电视中出现的哪些人物的影响？

- 小学五年级学生

第一名　运动员：35.3%

第二名　动漫主人公：32.9%

第三名　歌手、作曲家：26.2%

- 初中二年级学生

第一名　歌手、作曲家：41.5%

第二名　运动员：35.3%

第三名　电视剧里的人物和演员：27.8%

从调查结果来看，无论是小学生，还是中学生，有 1/3 的孩子会受到运动员的影响。

祖父母可以有意识地多安排孙辈和自己一起观看体育赛事直播，并给他们讲讲媒体报道的运动员的人生故事和夺冠经历，这样很容易激起孙辈努力学习的愿望。

39. 祖父母应该经常口头表扬孙辈在学习上的进步

一提到孩子的学习，爸爸妈妈总会忍不住唠叨：

“最近成绩怎么又下降了呢……是不是总在补习班打瞌睡啊？”

“你哥哥学什么都能学好，可你什么都不行，你看你的数学成绩怎么这么差。”

就我而言，虽然我经常在著作和演讲中极力倡导“家长经常表扬孩子优点”的观念，但当我的孩子的学习成绩忽然下降了一大截，或者花了很多钱上补习班，孩子的成绩却一点儿起色都没有的时候，我也会一脸阴云。

所以，我能深刻体会孩子的爸爸妈妈在面对孩子的成绩时很难客观冷静的状态。

而且，孩子很会观察爸爸妈妈的表情，所以，即便爸爸妈妈没有说出口，孩子也能马上看穿爸妈的想法。

但是，祖父母和爸爸妈妈的立场就不同了。

前文曾提到过，对孩子成绩的变化，有的祖父母比孩子父母还容易患得患失。因为，祖父母是发自内心地关注孩子成长的点点滴滴。

正因如此，祖父母更容易做到经常表扬孩子的优点，哪怕孩子只有很小的进步，祖父母也会非常开心。希望祖父母能这样保持下去。

爸爸可能会对孩子说："虽说你通过了英语考试，但才四级而已。"

祖父则可以这样对孩子说："你真棒！学英语挺有天分的嘛。"

妈妈可能会经常唠叨："你怎么就不能像姐姐那样优秀呢？补习班的钱可不能白花了。"

祖母则可以这样鼓励孩子："你语文学得不错

呀，奶奶读了你的作文，很感动呢。”

在与孙辈的日常相处中，祖父母口头上直接表扬孙辈，是非常有必要的，对孙辈来说是莫大的支持，比如：

“你的观察能力很强，以后有可能会成为诺贝尔奖获得者山中伸弥那样杰出的教授。”

“你很擅长朗读，声音又好听，以后能当播音员。”

在和孙辈接触的过程中，祖父母的口头表扬会让孙辈意识到自己的过人之处：

“噢，原来我的观察力很强啊！”

“播音员……我还真没想过呢，可以考虑考虑。”

无论祖父母是和孙辈住在一起，还是不住在一起，对于经常被爸爸妈妈批评的孙辈，希望祖父母多说一些赞美之词，为孩子的每一个小小的进步欢呼雀跃。

40. 祖孙以游戏的形式一起学习

东京的小学老师经常会讨论的问题之一是：在家里刻苦学习的孩子和什么也不学的孩子已经形成两极分化。

◆ 东京小学生基本学习情况调查

东京小学生每天在家里的学习时间：

- 0~30 分钟：29.7%
- 3.5 小时以上：18.1%

这两组数字是学习时间太少的孩子所占的比例和学习时间很长的孩子所占的比例，这两项加在一起就已经近 50%了。

也就是说，在家里和补习班等学校以外的地方还非常努力学习的孩子，和几乎不学习的孩子，已经很明显地两极分化了。

东京是日本小升初人数最多的地区，所以，有很多孩子学习时间很长也是正常的。

不过，我在采访和做演讲的过程中询问了全国各地的中小学老师，发现各地的两极化现象都是越来越明显。

我们先不讨论从小学就开始猛力学习是否可取，但可以明确的是，**放学回家后有没有养成好的学习习惯决定了今后孩子之间的差距——这种差距不仅仅是学习能力的差距。**

致力于研究儿童学习时间课题的东京成德大学儿童学部前部长深谷昌志先生指出：“不爱学习的孩子做其他事情也很难坚持下来，长大后很可能会成为啃老族，最后很可能就变成无学历、无工作、无未来的‘三无人员’。”

对此我也有同感，在我执教的大学也有很多学生不仅学习不努力，而且参与社团活动、寻求实习机会也不努力，他们都是在中小学阶段没有建立起良好的学习习惯，所以现在学习做事也缺乏计划性和专注力，甚至最重要的自强自立也没做到。

对于祖父母来说，**如果您觉得孙辈还没有养成良好的学习习惯，一定要督促孩子父母想办法。**

到高中或大学阶段，在一定的时间内专注于学习的习惯就养不成了。

一定要在孙辈小学期间，最晚也要在初中前半段就让孙辈养成自主学习的习惯。孙辈学习习惯的养成不仅需要父母引导，还需要祖父母助力。

说实话，在我采访的知名中学的学生中，认为祖父母曾引导自己养成学习习惯的孩子非常少。

但在采访祖父母的时候，他们会说：

“我为了多动动脑子，会跟孙辈一起练习100以内的加减法，我们还一起做过数独题。”

“我很想从头再学一次英语，就跟孙辈一起听了NHK广播里的《基础英语》节目，还一起做了语法题。”

我觉得，祖父母能做到这个程度就可以了。

如果对祖父母说，这样做可以预防老年痴呆，恐怕有些失礼。当然，祖父母跟孙辈一起再学习一遍基础知识，确实可以使大脑活跃起来，脑力得到锻炼。

祖父母跟孙辈一起再学习一遍基础知识，
确实可以使大脑活跃起来，脑力得到锻炼。

尤其是和孙辈一起住或者住得很近的祖父母，可以每周和孩子比赛几次100以内的加减法，或者同样的练习册买两本，一起做完一页练习题后看谁得分高。**以游戏的形式一起学习，祖父母和孙辈都会乐在其中。**

这样的“游戏”不仅有利于使孙辈养成良好的学习习惯，而且如果祖父母能回忆起以前学过的知识，还能辅导孙辈的语文和数学，比起爸爸妈妈的唠叨式教导，孙辈更容易接受。

41. 祖父母应该支持孙辈把时间花在令自己着迷的事情上

位于阿姆斯特丹的国际教育发展程度评价学会进行的全球性学习能力调查——“国际数学、理科教育动向调查”结果显示，日本小学生的数学和理科成绩提高了，日本中学生的学习能力没有什么变化，而学习欲望却不容乐观。回答喜欢学习数学的中学生占39%，喜欢学习理科的占

53%，比国际平均值低 20%。

我个人认为，与过去相比，学校的授课时间增加了，教科书的内容也比以前充实了，感觉好像是起了一定的作用，但这跟孩子的学习欲望并没有直接关系。从这一点来看，我觉得并不能说事态是在向好的方向发展。

归根结底，如果孩子不想学习、不觉得学习有意思、不期待学到更多知识，他们在学业上是不会持续进步的，就算有人监督，也坚持不了多久。所以，**孩子学习习惯的培养不能完全依赖学校，家长也要特别重视。**

能不能请祖父母帮忙培养孙辈的学习习惯呢？

比如，祖父母可以用做游戏的方式和孙辈一起进行数学运算，这样孙辈就能慢慢形成学习习惯了。

只要有了一些学习的欲望——

不会做的题慢慢都会做了→会做的题越来越多→就会想做更多的题→学习欲望提高了

这样，就形成了良性循环，所以，祖父母一定要跟孙辈一起试试这个方法。

而对于那些要通过实际体验来学习的科目，祖父母可以让喜欢捕蝉和独角仙的孙辈尽情地捕昆虫，可以让观察星座不厌倦的孙辈想看多久就看多久。

孩子真正着迷的事情会变成他们永久的记忆，还能引起他们进一步探索下去的好奇心。

可是爸爸妈妈总是忍不住要控制孩子：

“你究竟要盯着独角仙看多久啊？作业做完了吗？”

“盯着天空看有什么好玩儿的？别感冒了，快进屋吧。”

希望祖父母能成为孙辈的后盾，支持他们把时间花在令自己着迷的事情上。

如果孙辈特别爱读书，就让他们专心读书好了。

如果孙辈喜欢历史，祖父母可以跟他们一起看NHK的古装电视剧，还可以带孙辈去城址公园。

如果孙辈对花草、昆虫、天体、空气等有兴趣，祖父母可以跟他们一起种花，一起养昆虫，一起用望远镜遥望夜空，也可以带着孙辈去参加附近的发明俱乐部活动，去博物馆参观。

总之，只要去做就肯定比什么都不做的效果好。

不论是哪个领域，只要是孙辈着迷的，祖父母就无条件地支持他们。如果发现孙辈可能会对某领域着迷，祖父母就创造机会让孙辈去接触和尝试。

让孩子去经历课本里没有讲到的事情，去接触学校课程中没有的内容，可能本来是爸爸妈妈的事。

但实际上，在双职工家庭或有好几个孩子的家庭，爸爸妈妈可能很难有时间和精力做到这么细致的陪伴和准确的引导，所以，希望祖父母的支持能唤起孙辈的好奇心。

42. 祖父母可以用彼得·德鲁克的管理方法来激励孙辈

20 世纪的管理学大师德鲁克的经营理论，不仅引起了商界的关注，还可以指导家长培养孩子自主学习的习惯。

前一节我们讲的“支持孙辈把时间花在令自己着迷的事情上”和这个理论很相近。如果限定在主科的话，就是让擅长数学的孩子重点学好数学，让喜欢语文的孩子重点学好语文，即专注发展孩子擅长的和喜欢的学科能力。

当然，在中小学阶段，孩子必须做到各科均衡发展，不能只学自己擅长和喜欢的科目。

从考试的角度来考虑，如果把得 90 分的长项科目提高到 100 分，那么只提高了 10 分，而把不擅长的科目攻克下来则能得到更多分，所以，重点培养孩子擅长、喜欢的科目很难在考试中胜出。

但是，当孩子进入社会后，大家就会发现：**有不输给任何人的专长，有废寝忘食钟爱的事，绝对是一笔巨大的财富。不，何止是财富，那是在激荡巨变的时代存活下来的武器。**

爸爸妈妈可能会觉得孩子语文也就一般般，相比之下数学更有优势。这个时候，祖父母要对孙辈给予正面评价：“你语文学得很好，真棒!”

我女儿读小学时，我认为她作文写得不太好，但孩子奶奶经常称赞她很有写文章的天赋，她就真的自信起来了。

奶奶还说："说不定以后你会成为比爸爸更优秀的记者。"

女儿本来觉得自己很擅长写作文，却被我否定了，正在伤心，听了奶奶的评价后，又觉得自己是擅长写文章的。

结果，上中学后我女儿经常写出我都认为很不错的文章。

而且，女儿要从事媒体工作的决心越来越坚定，我觉得这得归功于她奶奶那句话。

我采访知名中学的学生时也听到了类似的说法，**高度评价孩子擅长的领域和科目还有其他好处——孩子们对原本擅长的事情更擅长，对喜欢的事情更喜欢，继而也会提升其他科目的学习成绩。**

比起孩子的爸爸妈妈，祖父母更擅长鼓励孩子，比如，可以借助表扬孙辈在优势科目上取得的成绩，来鼓励他们在其他科目上继续努力。

“你的语文那么好，数学努力一下肯定也行!”

“理科成绩在班级里排第一呐！那文科努力一下你就是‘双冠王’了!”

43. 祖父母可以以送礼物的形式来表扬孙辈取得的进步

对很多孩子来说，得到祖父母的褒奖，比得到爸爸妈妈的表扬更开心。

我的女儿就是这样，我也听其他孩子表达过类似的感受：

“我获得一等奖的时候，爷爷给我买了这个礼物。”

“我考上中学的时候，奶奶给我买了礼物。”

即便过了很久，孩子们还一直记着。相比之下，孩子对爸爸妈妈送的礼物却已经想不起来了。

在本书中，我一直强调，祖父母一定要在自己能够承受的范围内协助培养孙辈。同时，当孩子经过努力取得了好成绩时，祖父母也可以在合理的范围内给孩子一定的奖励。

◆ 超级祖父母教育孙辈的调查

您给孙辈买过什么东西？今后还会买什么？

- 生日礼物：74.0%/48.0%
- 用于庆祝的礼物：54.3%/44.9%
- 圣诞节礼物：52.1%/31.9%
- 选自己喜欢的东西买给孩子：16.0%/8.6%

以上调查内容是祖父母给孙辈买过什么和今后还会买什么，调查结果列举了大家都能想到的东西，如生日礼物等。

不管是否和孩子住在一起，祖父母都会给孙辈买礼物，但如果想在促进孩子进步方面有所贡献的话，祖父母可能就要花点心思了。

比如，在把礼物递到孙辈手上的时候，祖父母可以这样说：

“你上次测验成绩提高了很多啊！很棒！这是给你的奖励。”

“你们俩去年都很听爸爸妈妈的话，来，这是爷爷奶奶送你们的礼物，你们要继续努力哦。”

具体的表达方式和用词因人而异，只要包含了类似的意思就可以了。

此外，祖父母不要只是在孙辈生日时给孙辈送礼物，过年时给压岁钱，可以问问孙辈爸妈，孙辈近期是否努力，然后让孙辈知道祖父母很为他们的进步而高兴，所以立刻奖励了他们。

在第一章中，我曾提到过祖父母不能什么都给孙辈买，这样的奖励也一样，既不能让孙辈只为了钱而努力，也不能让他们觉得祖父母是摇钱树。

在上面的调查结果中，用于庆祝的礼物和圣诞节礼物的排名很靠前，也印证了这个原则。

“你马上就是小学五年级的学生了，你很听爸爸妈妈的话，学习和运动都很努力。这是爷爷祝贺你升级送你的图书卡。”

“你写的那篇读后感我们看了，这是圣诞老人为了表达他感动，送给你的礼物。”

这样就不是干巴巴地把钱或者礼物送给孙辈了，而是带着一定的“意义”送出去的。

当然，即便不是过节，祖父母也可以因孙辈

努力学习等而给予奖励。

44. 祖父母不仅要支持孙辈，也要支持子女

在前面的内容中，我们讲的是祖父母如何支持孙辈，本节我们来探讨祖父母如何以过来人的经验来支持自己的子女。

对于自己的子女，祖父母首先要做的就是给予他们精神上的支撑。

处于学龄期的孩子，尤其到了小学高年级的“第二个叛逆期”阶段，爸爸妈妈是很难应对的。

这个阶段，孩子在学校的学习内容逐渐变难，家长很难清楚地判断孩子学习是否跟得上，同时，孩子的情绪也很不稳定，他们有时会抱怨：

“爸爸太严厉了，意见不合就会发怒，跟妈妈说又解决不了问题，我要离家出走。”

“爸爸妈妈根本不想来理解我。他们两个都要上班，和我面对面说话的时间都很少，我对他们

没什么期待了。”

这个阶段的孩子都是满腹心事的，要么对爸爸妈妈剧烈地反抗，要么把不满和怒气藏在心里，很容易做出出格的事。

爸爸妈妈虽然经历过孩子 2 岁到 4 岁的“第一个叛逆期”，但第二个叛逆期和第一个叛逆期的性质完全不同，所以很多父母都不知道如何应对。

这时，祖父母应该告诉孩子爸妈，孩子为什么会变成这样，给烦恼中的爸爸妈妈指点迷津。

祖父母一定要避免用否定的表达方式，比如“你根本就不会教育孩子”，而应该这样鼓励孩子爸妈：

“人各有所长，没有哪个孩子是完美的，我看咱家孩子一定能成为一个很优秀的人。”

祖父母还可以问问孩子爸妈正在为什么而烦恼，做一个倾听者。

不过，前面我也提到了，祖父母处于中青年阶段的时代和现在相比，教育环境和学校排名已经完全不同了，与其强调自己已过时的看法，不如彻底做一个倾听者，倾听孩子爸妈的烦恼，在一定程度上减轻他们的心理负担。

和子女住在一起或住得很近的祖父母可以趁孙辈不在家的时候和他们聊聊天，不住在一起的可以打电话问问最近有没有发生什么不太顺心的事。

其实，孩子爸妈不仅育儿方面有烦恼，工作上肯定也有烦恼。

“不久我大概就要换岗位了。”

“孩子上幼儿园后，我也想重回职场。”

如果有这种情况发生，祖父母可以问问他们：“那你希望我帮点儿什么忙呢？”

即使孩子爸妈没什么需要帮助的，祖父母也可以告诉他们，如果他们需要帮助，可以马上跟自己商量。

45. 在升学关键时期，孩子的父母、祖父母、外祖父母可以进行六人协作

经济记者荻原博子在我主持的广播节目中曾

就教育费用的标准这样评论过："教育费用可遵循'753 原则'，即小学每月 3 万日元（约合人民币 1700 元），中学 5 万日元（约合人民币 2800 元），高中 7 万日元（约合人民币 4000 元）。"

这是孩子每个阶段教育费用的最低支出标准。荻原女士说："进入大学阶段，孩子要是上私立大学的话，花费还会更高。考虑到这一点，家长应提前考虑家里有没有供孩子上高中的积蓄，高中和大学是上公立学校还是私立学校，一定要进行清晰全面的规划。"

看来，培养孩子还要考验父母经济规划的能力（考虑家庭收入来筹措学费），有时可能还需要祖父母在经济上给予支持。

我所采访的知名中学的学生大多数家里经济条件比较好，下面的数据充分证明了这一点。

◆ 对 2000 个职工家庭进行的调查

孩子参加中考的家庭年收入情况：

- 家庭年收入 1500 万日元（约合人民币 85 万元）以上：31.3%

- 年收入 1000 万（约合人民币 55 万元）~1500 万日元：39.7%
- 年收入 800 万（约合人民币 45 万元）~1000 万日元：32.0%
- 年收入 600 万（约合人民币 35 万元）~800 万日元：18.1%
- 年收入 400 万~600 万日元：3.8%
- 年收入 400 万日元（约合人民币 22 万元）以下：1.7%

从调查结果来看，是否让孩子参加中考的家庭的年收入分水岭是 800 万日元。而实际情况是，即使孩子以很优秀的成绩考入知名高中，但只要考上的不是直升某大学的附属高中，就必须花钱上补习班，此外上兴趣班还要花钱。

如果祖父母在经济上宽裕的话，可以在自己的承受范围内给予一定的经济支持，作为对孙辈成功升学的鼓励，这对孩子爸妈来说也是莫大的支持。

◆ 对东京知名中学学生家庭的调查

孩子初中入学时祖父母曾给予过经济上的支

持吗？

- 有：22 个家庭
- 没有：6 个家庭

我只采访了 28 个家庭，样本比较少，而且主要是以三代人共同生活的家庭为采访对象，所以，不能完全体现实际情况，但可以确定的是，有祖父母给予经济支持的家庭还是占多数。

以我自己为例，虽然我的父母和我的小家庭住得很远，但他们在孙辈升学到私立小学和私立初中时，总共给了孙辈十几万日元（约合人民币 1 万元）的经济资助。从内心来说，我觉得父母帮了我们大忙。

现在，很多孩子都能得到爸爸妈妈、爷爷奶奶、外公外婆 6 个钱包的经济支持。我认为，在不勉强、不要为了孙辈动用自己的养老钱、不要让儿女变成“啃老族”的前提下，祖父母在重要的时间节点给予孙辈一些经济上的帮助，整个大家庭一起支持孙辈的成长，是比较好的方式。

第5章

祖父母如何对孙辈进行生命教育

46. 祖父母应该教育孙辈尊重祖先、热爱家乡

在本章中，我们来说一说，在孙辈的成长过程中祖父母应该如何对孙辈进行生命教育。

生命教育就是教孩子拥有保护自己生命的能力。

第一，不管时代如何变化，都要具备适应环境，并生存下去的智力水平和精神支撑。

第二，能够觉察到潜在危险，保护好自己，或者说珍视自己的生命。

第一点在孩子具备了综合能力、社会能力和学习能力之后，就已经有很坚实的基础了。所以要培养第一点能力，只要把第二章到第四章重新读一遍就知道该怎么做了。

对于第二点，告诉孩子过马路时注意来往车辆、睡觉要盖好被子等，当然是有必要的，但我在本书中想讨论的是，从根源上培养孩子对祖先

的尊重、对传统节日的重视，以及对家乡的热爱。

首先说说为什么必须尊重祖先和重视传统节日。

祖先是孩子生命的源头，有祖先才有今天的孩子。尊重祖先，珍视自己的家谱，会让孩子更加珍惜自己的生命。

不仅如此，当家长带着孩子去扫墓，在严肃的气氛中，孩子内心还能萌生“祖先在保护着我”的想法。

如今，年轻一代很重视“心意”，而不重视“形式”。

很多年轻人确实认同，“有祖先才有今天的我”是毋庸置疑的，因此应该心存感激，手捧鲜花去给祖先扫墓，感谢祖先给予自己生命。然而，他们虽然有这样的心意，实际做起来却仍觉得很麻烦。

但是，好好完成这个仪式，才是真正在怀念祖先，才能增强自己生存于世的实在感，难道不是吗？

在祖先的诞辰日和忌日、盂兰盆节、元旦等特殊的日子，祖父母可以带着子女、孙辈，三代人一起去扫墓。祖父母主导祭奠活动，子女和孙辈参与。

在祖先的诞辰日和忌日、盂兰盆节、元旦等特殊的日子，
祖父母可以带着子女、孙辈，三代人一起去扫墓。

说到祖父母主导的家庭活动，祖父母还可以带孙辈参加当地的节日庆典活动，让孩子体会其中的精髓。

立命馆大学教授、大阪教育委员会委员阴山英男先生不仅开发了自创的100以内加减法的算法，还是一位知名教育家。他在广岛县尾道市土堂小学当校长的时候，把尾道市的传统乐器太鼓列入学校的教学课程。

我曾采访过他好几次，当我问他为什么要把太鼓列入课程时，他是这样回答的：

“把孩子培养成热爱家乡的孩子、对故土有自豪感的孩子，可以让他们更加珍视自己。”

如今阴山先生已经不做土堂小学的校长了，但在土堂小学，人们每天仍能听到孩子们敲击太鼓的声音。学会并传承了太鼓这一传统乐器的演奏技能后，高年级学生内心有了生于尾道市的自豪感，感受到自己和家乡是紧密相连的。此外，他们在指导低年级学生时还能学会体恤后辈。

就像阴山先生预想的那样，**对家乡充满自豪**

感的孩子内心会产生强烈的归属感，进而学会珍视自己、关爱他人。

47. 祖父母应该重视孙辈的生日和重要的节日

要让孙辈学会珍视他们自己，祖父母首先要重视孙辈的生日和节日。

我在做广播节目和教育杂志采访时接触过曾有自杀倾向的、自暴自弃而一直拒绝上学的少男少女。

在和他们接触的过程中，我发现有上述经历的孩子有一个共同点：在进入青春期之前，他们都没有得到父母充分的爱。

有孩子说："从我记事起，我爸爸妈妈就没为我做过任何事情。"

还有的孩子被父母这样当面骂过："这样的孩子还活着干什么！"

可以说，父母对孩子倾注的爱，对孩子的人生有非常大的影响。

当然，上面的例子可能是极少数情况，然而，现在爸爸妈妈忙于工作，和孩子相处时间不多的情况也不在少数。

此外，有的孩子的哥哥姐姐很优秀，被拿来比较后，孩子很受伤；有的父母在学业和体育上要求孩子一定要达到优秀，结果孩子心里就会这么想："爸爸妈妈只是喜欢学习好、有特长的我，如果我没有达到他们的要求，他们就不会爱我了。"

很多孩子可能在有条件的爱中，很痛苦地生活着。

如果祖父母发现孙辈从其父母那里得到的关爱不够，或者不知孙辈为什么遇到了一道难过的坎儿，那不妨在孙辈过生日的时候，为他好好地庆祝一下，对孙辈说：

"生日快乐！能看着你一天天长大，是爷爷最快乐的事。"

"你有你自己独特的长处，对奶奶来说，你从来就是，且今后一直都会是值得奶奶骄傲的孩子！"

希望祖父母能给予孙辈充分的关爱和重视。

如果孙辈父母是职场人士，每天都很忙，希望祖父母能告诉孙辈：

“你爸爸妈妈虽然嘴上没说，但他们心里是非常在乎你的。”

即使祖孙不住在一起，祖父母也可以打电话来表达这样的意思，为孙辈声援，给孙辈爱。

另外，在端午节或女儿节等节日，或者关于孙辈的重要日子，比如孙辈第一次学会站立的纪念日、获得某个奖项的日子等，祖父母可以带着孙辈一起出去吃饭，送给孙辈一个礼物，把孙辈小时候的事情讲给他们听，这样做一定能让孙辈感受到浓浓的爱。

48. 祖父母应该教育孙辈不能成为校园霸凌的受害者，更不能成为加害者

我在采访过程中发现，有的祖父母会告诉孙辈，欺负弱者是最没出息的表现。

近年来，我们经常能在电视里看到中小学生

因被欺凌而自杀的新闻，所以，不仅学校要关注校园霸凌现象，每个家庭也要关注，不能让孩子成为校园霸凌的受害者，更不能让孩子成为加害者。

关于校园霸凌，有必要特别注意的是，比起打架和言语中伤，以网络为载体进行的阴暗霸凌的情况大大增加。

越是成绩好、有领导能力的优秀学生越容易成为被霸凌的对象；还有一些学生对他人进行霸凌根本没有什么明确目的，只是觉得对方讨厌或者哪里看着不顺眼。

本来应该是和孩子朝夕相处的爸爸妈妈来干预校园霸凌这件事，但祖父母也要为了孙辈不会成为被害者或加害者，而借助合适的时机，以人生经验丰富的过来人的角度，告诉孙辈：

“在一个团体里欺负某个人是不好的。”

“被欺负了却保持沉默，是什么都解决不了的。”

“全家人会一直在身边支持你。”

如果孩子是校园霸凌的被害者，就一定会有如下这些表现：不爱跟祖父母讲学校的事，笑容比以前少了，经常把自己一个人关在屋子里。

一般情况下，比起爸爸妈妈，祖父母更容易发现孩子的异样。不管有没有和孙辈一起住，祖父母都可以问问孙辈："最近在学校开不开心啊？交了哪些好朋友啊？"

如果发现孩子被霸凌了，就要全家人一起商量，及时找学校老师和领导反映情况。有必要的话，还可以到教育委员会寻求帮助。一定要全力以赴把孩子可能受到的霸凌扼杀在萌芽期。

与之前的拖延怠慢相比，现在学校和教育委员会对校园霸凌现象很重视，反应很快。

同时，祖父母还可以给孙辈讲一些有成就的人的故事，比如被重臣看不起却最终出人头地的丰臣秀吉的故事，被当成傻瓜却依然钻研学问的野口英世的故事。这样的故事能教孩子坚强，不向霸凌者低头认输。

相反，如果孩子是加害者，爸爸妈妈必须深入干预，祖父母也要跟孙辈分享自己的社会经历，告诉孙辈：在成人社会也常发生霸凌现象，欺负比自己年龄小的人、弱势的人和没有能力的人，很多人一起欺负一个人，等等，都是可耻的行为。

而对于孩子来说，欺负的对象不论是学校里的同学，还是家里的弟弟妹妹，**欺负别人就是一件非常不光彩的、让人厌恶的事情，这个观念要深深地刻在孩子心中。**

作为祖父母，一方面要把是非善恶的观念深深植入孙辈内心；另一方面，如果发现孙辈有霸凌他人的情况，应马上坚决阻止，并予以严厉教育。

祖父母可以这样教育孙辈："欺负他人的人不管考上多么好的大学，毕业后进了多么好的公司，都绝对不会成功。"

49. 祖父母可以培养孙辈珍惜好东西并长久使用的习惯

我的父亲还在工作的时候，每次买手表和衣服都会买优质的，虽然不是那些高端品牌，但也都是相对比较昂贵的东西。

我也延续了这个习惯，在买车、买包的时候，即使贵一点也会买自己喜欢的，然后用上十年也不换。

然而，我的女儿处在追逐流行又马上厌倦的年纪，虽然我给她买的东西她不一定都会用很久，但比起她的同学，她还是有些不一样的，比如会把一块手表戴很久，鞋和包也会用到不能用了才换。我觉得，她受到了爷爷和我的影响。

实际上，珍惜好东西并长久使用的习惯，不限于人和事物的关系，人与人的关系也如此。

虽然这个说法并没有社会调查的数据来支撑，但对物品喜新厌旧的人，在和人交往时，确实也容易喜新厌旧。

瑞士心理学家荣格曾提出“内向、外向分类法”。该学说指出，内向的人交往范围是有限的，但他们会很深入地交往，而且比较擅长集中精力坚持做一件事。

相反，外向的人性格一般都很乐观，社交范围比较广，但与人交往的程度都很浅。

荣格认为，内向、外向是人类性格的两个对立面，但人又都同时具备这两种性格，在不同场合会有其中一个占优势，如果在某一方面很极端地偏向一方，又会在其他方面找回平衡。

对照荣格的学说来看，珍惜好东西是内向人格的一种表现。

珍惜东西的人肯定能遇到有默契的人，并深入交往下去，更容易找到真正的朋友。这样的友情也会长久地持续下去。这样的人一旦遇到什么事，就会得到朋友的帮助。

另外，内向的孩子所具备的聚精会神的能力，忍耐、慎重、诚实等个性，在他们考试、就业、升职等关键的每一步，都会起到积极的作用。所以，让孩子养成珍惜好东西并长久使用的习惯应该没有什么坏处。

祖父母大都应该会把东西珍惜着用很久，平时可以给孙辈讲讲：

“爷爷会和自己喜欢的东西一直‘相伴’到最后哦。”

“不是不能扔，而是好东西一定要珍惜着用，每件东西都是有生命的。”

这样孩子就能间接地学到，不断地买新东西，不喜欢了就扔掉，可不是什么值得称赞的做法。

正如荣格的学说所指出的，人同时具有内向和外向的性格，这一点的重要性是不可否认的。

乐观开朗、喜欢交往、行动力强且下决断快、有领导能力，这些外向的性格特征是孩子拥有丰富人生所不可或缺的。

所以，在培养孩子珍惜好东西的习惯的同时，也不能忘了给孩子提供接触新事物的机会。

技术日新月异，我们结识的人的个性和经历也各不相同。

该好好守护的东西要好好守护，该长时间相处的人要好好相处，同时，也要不断接触新的事物，拥有新的际遇。我认为，在与世间的人和事相处接触的时候，这样做是最好的。

50. 祖父母可以让孙辈“带着”自己去短途旅行

“超级祖父教育孙辈的调查”显示，在祖父给孙辈的花费中，除了上一章介绍过的礼物之外，还有将近三成为娱乐费用。

◆ 超级祖父教育孙辈的调查

在孙辈身上的花费都有哪些？

- 礼物：85.5%
- 钱：72.4%
- 外出吃饭的费用：42.8%
- 娱乐费用：27%

无独有偶，GIFCO 株式会社曾以不到 70 岁的“年轻”祖父母为对象进行的调查也显示，38.1% 的祖父母会在和孙辈一起去旅行或者去游乐场所的时候花钱。

看来，愿意带孙辈出去游玩的祖父母还是不少的。

在此我提议，这项娱乐费用不要只用在包括孙辈在内的一家三代人的旅行上，祖父母还可以单独带着孙辈去旅行，这样做祖父母自己应该是很享受的。

不到 70 岁的“年轻”祖父母会这样说：

“虽然不想成天照顾孙辈，但还是想有一些跟他们相处的时间。”

“虽然不愿意一家三代人住在一起，但还是希望偶尔能跟孙辈多待一些时间。”

祖父母可以在一年中带孙辈进行一两次短途旅行或远足，而不是三代人一起去。

在旅途中，祖父母可以好好了解一下孙辈学校里发生的事，他们和爸爸妈妈的关系如何，他们的兴趣和烦恼，跟之前比他们又有了哪些进步，等等，那一定会是一段欢乐的时光。

祖父母和孙辈的短途旅行最大的好处就是能培养孩子的“自立能力”，也就是本章的主题。

与跟父母出去玩儿不一样，跟祖父母出去游玩时，孩子们会这样想：“我不能什么都让祖父母给我做，自己的事情应该自己做。”

祖父母可以在一年中带孙辈进行一两次短途旅行或远足，
而不是三代人一起去。

如果出发前爸爸妈妈嘱咐孩子："爷爷就拜托给你啦！""那些复杂的买票方法奶奶不懂，都靠你啦！"可能效果还会更好，孩子都会暗自下定决心："我必须得加油！"

以下这些经历都能帮助孩子大大提高"自立能力"：

- 让孩子决定短途旅行的目的地。
- 确定了目的地之后，让孩子开始做旅行的准备。
- 旅行开始后，即便祖父母自己什么都能做，也要表现出什么都要靠孩子。
- 旅行中遇到了问题，要引导孩子一起想办法。

祖父母以"什么都由孩子带领"的形式和孙辈一起旅行，孙辈一定会通过旅行的经历增强自信，成为越来越靠得住的人。

当然，旅行不会像电视剧中演的那样，总是快乐顺利的，旅途中会出现一个又一个问题，比如，"预订乘坐的新干线列车由于下大雪而延误了很久""本来想在旅游目的地参观一座古城，可是因为那里正在整修，所以只能参观一部分”“要到哪里游玩，又吃些什么，完全没提前了解啊”，等等。

祖父母可以把这些问题都告诉孙辈，孙辈一定会自觉地认为“我要靠自己的力量来解决问题”。

日本有句俗话：让可爱的孩子去旅行吧。在这里我们可以引用并延伸为：请祖父母在可爱的孙辈的引领下一起去旅行吧。

在孙辈小的时候，祖孙可以一起坐电车去周边短途旅行，等孙辈上了小学高年级，就可以尝试两天一晚或三天两晚的旅行了。

51. 祖父母可以和孙辈聊聊如何渡过难关

祖父母都曾经历过艰难的人生阶段，可以基于这些经历和经验，教给孙辈保护自己的方法，帮助他们渡过难关。

像前面提到的校园霸凌问题，祖父母可以拿

自己的真实经历举例，比如：

“爷爷当年进入一家新公司不久，就遇到了一个人品很不好的上司。”

“奶奶上中学时曾参加过网球俱乐部，在那里碰到一个爱欺负人的同学。”

用具体的例子来教导孙辈更有说服力，此外还要恳切地告诉孙辈：

“我们不会让你一个人去面对和解决问题的，爷爷奶奶、外公外婆、爸爸妈妈，都会尽全力支持你。”

这样就可以保证，孙辈如果受到霸凌，不会因为害怕而一个人默默承受痛苦，而会马上告诉家长。

如果孙辈遇到了“努力学习了但成绩没有提高”“很努力了也没能成为足球队的上场球员”“钢琴怎么弹也弹不好”诸如此类的问题，祖父母可以给孙辈讲讲，自己遇到类似问题时的心情和解决方式，并对孙辈说：

“不是只要努力了成绩就能马上提高，爷爷的成绩也曾很久都没提高，我坚持努力了一两年，最后才终于有了成效。”

“努力了却没有结果肯定很不好受吧，外婆以前也跟你有过一样的经历，但我们绝不能放弃梦想和目标，一旦放弃了，之前的努力就都白费了。”

祖父母可以告诉孙辈：

“努力不见得马上就能有回报，但绝对不能假装努力，这是铁的原则。”

“不要一个人烦恼，找人商量一下，就会有思路了。”

“只要努力了，总会开花结果。”

这些宽慰的话语一定能缓解孩子面对困难的畏惧心理，孩子的心情一定能变得轻松很多。

如此一来，孩子就会树立起这样的观念——遇到困难就要找人商量，并继续努力战胜困难。

当然，对现在的孩子来说，这做起来并不容易。所以，他们很可能心里明白了，但最后还是独自困扰，或者干脆放弃了。

在孩子中考、高考，甚至进入社会之后，这些道理都是可以帮助他们突破重重困境的金玉良方。

祖父母都曾经历过艰难的人生阶段，可以基于这些经历和经验，
教给孙辈保护自己的方法，帮助他们渡过难关。

另外，就如何保护自己来说，祖父母可以利用上一节说到的亲子旅行，尽早告诉孙辈如何觉察危险。

比如，祖父母和孙辈一起去爬山之前，要事先告诉他们，怎么看天气预报准备衣物，怎么抵御寒冷等；如果是去大城市旅行，就要告诉孙辈，晚上别走昏暗的小路等。如果能在学龄期就引导孩子养成规避和降低危险的习惯，当孩子进入社会后，自然就会具备预知和预防危险的能力。

52. 祖父母应该引导孙辈养成事事下功夫的品格

要想培养孙辈的“自立能力”，那么，无论让他们帮忙做什么，都要让他们下功夫做好。

不用说，人生就是要不断地下功夫。

小孩子要在考试中考出好成绩，提高学习的效率和效果，需要下功夫；进入社会和职场后，无论是制定产品的销售计划，还是开发新产品，都需要下功夫。

如果孩子不仅能够说到做到，还能养成经常思考如何能做得更好的习惯，可以说是如虎添翼，以后便能独当一面，并不断开拓新局面。

比如，孙辈上小学三年级之后，祖父母可以让他们试着跑腿买东西了，但买东西的要求不能太简单直接，比如："你到 A 商店去买一个 B 商品吧！"

祖父母可以试着把要求设计得复杂一点："爷爷给你 2000 日元，你到站前的超市买 B 商品，到药店买 C 药品，然后再顺路买些鸡蛋，剩下的钱就给你做零花钱了。"

这样，孙辈就必须想一想，按怎样的顺序买东西能尽量少负重，在哪里买鸡蛋最省钱，怎样能多剩下一些零花钱。

再比如，开始旅行前，祖父母可以让孙辈自己准备必须要带的东西。最初几次孩子可能会忘这忘那，或者把没必要带的东西也带了很多，但慢慢地孩子就知道哪些东西该带，哪些不该带了，会把必要的东西都准备好。

平常祖父母和孙辈聊天的时候，可以这样引

导他们：

“怎么做才能更有趣呢？”

“怎么做才能更快呢？”

“怎么做才能做得更好呢？”

祖父母平时与孙辈聊天时多用“怎么做”，孙辈就会越来越喜欢思考，慢慢就会养成事事都下功夫的习惯。

那些一直奋斗在社会第一线的祖父母，一定遇到过很多不争气的部下和只按说明办事、不愿多下一点儿功夫的后辈。

为了孙辈长大后不成为那样的人，为了把孙辈培养成在任何时代都能得到上司的器重和客户的信任的人才，祖父母一定要在和孙辈相处的过程中，帮他们养成凡事下功夫的好习惯。

53. 祖父母可以培养孙辈预估事情发展的能力

有一次，我到东京近郊某住宅区采访，抵达时采访对象家中传出了象棋落子声，爷爷和孙子正端坐棋盘两边，想要将自己的棋子杀入对方阵营。

这家的孩子刚上小学，孩子爸爸说："象棋是我父亲的爱好，孩子经常陪爷爷玩。"这让我忽然发现一家三代人一起下象棋，是个不错的主意。

下象棋时，对弈双方经常会这么想：

"接下来对方会怎么走呢？"

"我这么走了之后，对方肯定会攻击这里。"

象棋就是这样一种智力游戏，对弈者一边思考接下来对方会怎么下，一边移动自己的棋子。就连我这个门外汉也能预测出接下来一两步双方会移动哪个棋子。

如今，祖孙对弈的情形是越来越少了，但象棋确实是一种可以培养孙辈预测能力的游戏。

要在培养孙辈时实施"生命教育"（本章的主题），使孙辈具备对未来的预测能力，其实是非常重要的，比如：

"在那个转角，很可能会有汽车突然开过来。"

"在站台边上走，很可能会和人撞上，然后跌落到轨道上。"

培养孩子们具备对未来的预测能力是非常重要的，
祖父母可以通过与孙辈下棋的方式培养他们的这项能力。

具备预测危险的能力的人，才能够保护自己。

“老师肯定希望我这么做。”

“这么做的话，他肯定会高兴。”

先预测对方的心情，然后再做事情，一定能提高对方对自己的评价。

从这个意义上来说，我觉得象棋等益智游戏是祖父母在和孙辈相处的过程中，能够帮助孩子培养预测未来能力的重要方法。

比如，爷爷跟孙辈一起下象棋的时候，可以问问孩子：

“你觉得爷爷接下来会怎么走呢？”

奶奶在给孙辈讲故事的时候，可以问问孩子：

“在这个故事中，狐狸接下来会怎样做呢？”

孙辈给同学准备生日礼物的时候，祖父母可以问问孩子：

“你觉得你的朋友收到什么礼物会很开心吗？”

和孙辈聊起最近社会上发生的事时，祖父母可以这样提问：

“你认为消费税从 5% 提高到 8%，又从 8% 提高到 10%，社会上会发生怎样的事情呢？”

“如果停止核能发电，那么我们该怎么做，才能解决由此引起的电力供应不足呢？”

祖父母经常这样向孙辈提问，就能自然而然地帮助孩子把预测未来的能力培养起来。

当然，要想预测未来，首先必须要把握现状。

用前面的例子来说，先要搞清楚“现在棋子都在什么位置”“狐狸之前都做了什么”“朋友会对什么最感兴趣”“日本的能源情况如何”。

也就是说，孩子如果养成了预测未来的习惯，也就具备了准确分析现状的能力，可以说是一举两得。

54. 祖父母应该对孙辈常常鼓励、表扬、认同

育儿畅销书作家、美国家庭教育顾问多萝西·劳·诺尔蒂所著的《育儿的魔法语言》[①] 一

① 原书名为 *Children Learn What They Live：Parenting to Inspire Values*，中文版书名为《好父母才是好老师》（山东文艺出版社 2012 年 7 月出版），日文版书名为《育儿的魔法语言》（PHP 研究所 1999 年 9 月出版）。

书，对我来说，可谓一部育儿圣经，书中写道：

- 在孩子的成长过程中，父母总是说孩子太可怜了，孩子也会觉得自己很可怜。
- 父母总是羡慕别人的话，孩子也会总是羡慕别人。

我认为，诺尔蒂博士在这本畅销书中提出的家庭教育原则，也是祖父母和孙辈相处的基本原则。

跟爸爸妈妈比起来，祖父母训斥孙辈的次数可能要少一些，也应该很少说“你这孩子真是无可救药了”之类贬低孙辈人格的话。

不过，有些祖父母偶尔也可能会对孙辈说：

“有这么古怪的爸爸，你真可怜啊！”

“邻居家是有钱人，我们家可不富裕。”

如果祖父母说这些话的频率不高，影响可能并不大。不过，即便是成年人听到这样的话，恐怕也会受到消极影响，孩子就更不用说了。

祖父母跟孙辈说的话，不应该是自怨自艾和对他人的羡慕，也不能让他们觉得不安或认为自己是坏孩子。

一言概之，祖父母应该给孙辈的是自信，即积极乐观，认为自己没问题可以做到。

为什么这么说呢？因为自信是生命的源泉。

诺尔蒂博士的这段话非常适用于祖父母对孙辈的教育——

鼓励中长大的孩子，非常自信。

称赞中长大的孩子，懂得感恩。

认可中长大的孩子，喜欢自己。

对想要提升自己也具备提升自己能力的孙辈来说，祖父母做到**等待、放手、守望**这三点是非常重要的。

对那些不自信的、怯懦的、怎么也积极不起来的孙辈，引导他们成为寻求自我成长的孩子，祖父母做到**鼓励、表扬、认同**这三点是非常重要的。

受到祖父母鼓励的孙辈内心会充满力量；受到表扬的孙辈会非常开心，进而变得乐观；得到认同的孙辈能增加对自我的肯定。

鼓励、赞扬、认同，使孩子增强自信，进而让自信成为孩子的生命力量。

55. 祖父母不要将孙辈和别人家的孩子做比较

在我女儿小时候，我和妻子有时会这样对她说：

“你那么做会被大家笑话的，别那么做了。”

“你班上的同学没那么做过吧，真是个怪孩子。”

这些话都是父母以别人的看法或既有标准对孩子做出的判断，这样不仅会伤害孩子的自主性，还会把孩子好不容易建立起来的自信给毁了。所以，家长跟孩子说类似的话时一定要慎重。

有些爸爸妈妈一旦觉得自己的孩子和邻居家的孩子、同年级同学对事情的看法和思维方式不一样，他们就会很不安，担心自己的孩子有问题。

我认为，如果孩子没有犯原则性的错误，只是和别的孩子不太一样，比如，不从前往后做试卷而从后往前做试卷，不喜欢钢琴而喜欢小号，没必要过分矫正孩子。

在这一点上，祖父母能比孩子的爸爸妈妈站

得更高，客观地判断孩子的观点和思维方式。

上一节我介绍了鼓励、表扬、认同是提高孩子自信的三个重要因素，在爸爸妈妈认为的自己的孩子和别人家孩子不同的方面，只要不是什么奇怪的行为，祖父母可以继续对孙辈鼓励、表扬、认同，比如：

“从后往前答题？这个主意很有趣嘛。”

“女孩吹小号一定很棒！”

虽然和别的孩子不那么一样，但祖父母正好可以挖掘孙辈的长处，岂不是一件好事。

在职业棒球界，以前有采用“钺式投球”的村田兆治，采用“龙卷风式投球”的野茂英雄，还有采用“高速球”的投手；击球手也有王贞治的“金鸡独立式击球法”，铃木一朗的“钟摆式击球法”，还有在北海道日本火腿斗士队担任教练的梨田昌孝的“魔芋击球法”——他们都是在认识并发挥出自己的长处之后才成功的。

如今，人们对标准的“好孩子”所承受的压力不得不加以重视。

这个时代的人们都喜欢想法和行动中规中矩

的孩子，不喜欢想法特异或和周围的孩子行动不一致的孩子。

如果祖父母和孩子爸妈都这样想的话，那他们是完全无法培养孩子的自主性的，而孩子恐怕也会在大人面前装成“好孩子”。

◆ 儿童生活实际状态基本调查（可多选）

作为一名小学生，你预想自己40岁时会怎样？

- 孝敬父母：82.9%
- 很幸福：76.5%
- 很出名：17.2%
- 活跃在世界舞台：16.2%

这项以小学生为对象的调查显示，绝大多数的孩子都会预想自己的未来，换成中学生结果也是一样的。

我一直以为小学生会把自己的未来预想得很远大，比如成为富翁、大明星等。

同时，很多孩子都回答“孝敬父母”，家长听了这个标准答案一定会很高兴，但我觉得，如果孩子能回答出更积极、更让人意外的答案，才让人觉得这孩子有大格局。

本章的标题中“生命教育”虽然字面看起来好像是在强调“保护自己”，但其实不要把自己局限在小天地，**要自信地走自己想要走的道路，过精彩的人生，这才是在任何时代都能适应下来的“自立能力”**。

如果孩子的爸爸妈妈要求孩子做标准的好孩子，请祖父母一定要支持孩子有自己的个性。

后记

在读这本书的祖父母，你们的孙辈大多数都是在21世纪出生的。

21世纪以来，教育环境一直在变化，但我认为，不管制度变还是不变，不用等待制度变好就能自己改善的，就是家庭教育。

首先，虽然承担这个重任的应该是孩子的爸爸妈妈，但我热切地呼吁祖父母也给予支持，不管是否和孙辈一起住，都要尽量创造和孙辈沟通的机会，培养孙辈的综合能力、社会能力、学习能力和自立能力。

无论时代如何变化，具备以上能力的孩子心

中都会充满勇气。

其次，在评价长者的经验值时经常会用到"姜还是老的辣"这句俗语。希望各位祖父母能充分利用自己的人生经验，多和育儿经验不足的孩子爸妈，共同商量如何培养孙辈。

在书中，我提到每个家庭的祖父母和孩子爸妈的距离感不同。有的祖父母认为，虽然培养孙辈很重要，但我还有自己想做的事情。有的祖父母想在经济上帮子女一把，但自己靠退休金养老，生活也不宽裕。

我并不是要求祖父母们把本书中的55项统统做到。想要当以育儿为己任的"超级祖父母"，请在不勉强的范围内，为了可爱的孙辈的成长，试一试本书中写到的一部分方法，那将是我的无上荣幸。

最后，我想以感谢结束本书，深深地感谢在本书撰写过程中对我的突然采访和案卷调查给予帮助的朋友，以及从母亲的角度给了我很多建议的PHP研究所文库出版部的加藤知里女士。

翻译后记

关于孩子的起跑线，我和先生也曾焦虑过。经过一段内心挣扎和家庭讨论，我们认识到与其焦虑于天价学区房、别人家的教育资源、别人家孩子的优异成绩，我们宁愿收起攀比、羡慕和抱怨，冷静下来想想孩子真正需要什么，我的家庭能为此做些什么，回归本质，审视自己，找出不足，寻求改变。

在思考并坚定自己的信念的过程中，我也越发觉得这本书非常值得祖父母和父母阅读。内容平实、实用、操作性强，是本书最大的特点。以下几点给了我很大的启发：

“教孙辈成语和谚语，不仅能使孙辈的语言能力提高，还能使孙辈的社会能力提高。为什么这么说呢？因为成语和谚语中包含人生的智慧。”要知道谚语可是我们汉语的宝贵财富，随着年龄增长，我越来越体会到很多谚语俗语是醒世之言，真是“不听老人言，吃亏在眼前”。

庆应大学的创始人、启蒙思想家福泽谕吉晚年创作的《福翁百话》中有一句话：先练兽身，后养人心。意思是先让孩子锻炼身体，如野兽般强壮，再开始学习。健康的体魄是一切的前提，注重文化课可不能忽视锻炼身体，培养强大坚韧的体育精神。

培养孩子的表达能力可以让祖父母多向孩子请教，让孩子教自己怎么使用手机软件等；告诉孩子想成功必须努力，可以给孩子读名人传记，或者讲运动员的经历，这和上面一点也是契合的。

重视祖先和传统节日，让孩子知道生命的根源，有强烈的归属感和自豪感，懂得珍爱自己，拒绝空心病。

干货太多，不一一枚举。

在审视、回顾自己以及家庭的过程中，我也很深刻地意识到“十年树木，百年树人”，一个孩子的成长在于每天的积累。但在中国的绝大多数家庭中，祖父母已经为子女以及孙辈贡献了太多心血和精力，对他们提出更多要求实在是有些难以启齿，作者清水克彦也在本书的后记中说，“我并不是要求祖父母们把本书中的55项统统做到”“想要当以育儿为己任的‘超级祖父母’，请在不勉强的范围内，为了可爱的孙辈的成长，试一试本书中写到的一部分方法，那将是我的无上荣幸”。

最后感谢中国经济出版社再次找到我做这本书的翻译，让我得以深入思考如何做更好的母亲。借一句话结尾——育儿路上有你们真好。

王筱敏

参考文献

• 香山リカ（二〇五）“貧乏クジ世代—この時代に生まれて損をした!?”PHP 研究所

• 山田昌弘（二〇〇五）“迷走する家族—戦後家族モデルの形成と解体”有斐閣

• 野々山久也（二〇〇九）“論点ハンドブック家族社会学”世界思想社

• 井上淳子（二〇一一）“じぃじ、ばぁばのための孫育ての教科書”PHP 研究所

• 門脇厚司（一九九九）“子どもの社会力”岩波書店

• 女子学院中学校「祖父母の戦争体験」編集委員会（二〇〇四）“15 歳が受け継ぐ平和のバトン—祖父母に聞いた235の戦争体験”高文研

• 尾木直樹（二〇一二）“尾木ママと考えるいじめのない学校といじめっ子にしない子育

て”ほんの木

●中野明（二〇一〇）“今日から即使えるドラッカーのマネジメント思考”朝日新聞出版

●福島哲夫（二〇〇二）“図解雑学ユング心理学”ナツメ社

●ドロシー・ロー・ノルト、レイチャル・ハリス（一九九九）“子どもが育つ魔法の言葉”PHP研究所

●清水克彦（二〇〇八）“頭のいい子のパパが「話していること」”PHP研究所

●木楽舎（二〇一二）“孫の力”第五号、第九号

●シチズン（二〇一二）「親子のふれあい時間調査」

●博報堂エルダービジネス推進室（二〇〇四）「三世代クロス調査」

●厚生労働省（二〇一二）「国民生活基礎調査」

●内閣府（二〇〇七）「家族のつながりに関する調査」

● 内閣府（二〇〇七）「男女共同参画社会に関する世論調査」

● 文部科学省（二〇〇三）「人間力戦略研究会報告書」

● 文部科学省（二〇一〇）「平成二十二年度全国体力・運動能力、運動習慣等調査」

● 総務省（二〇一二）「統計から見たわが国の高齢者（六十五歳以上）」

● 電通（二〇一二）「祖父の孫育てに関する“育G（イクジイ）調査”」

● 旭化成工業二世帯住宅研究所（一九九六）「祖父母と孫の関係—居住形態による比較調査報告書」

● 公益財団法人日本生産性本部（二〇一〇）「レジャー白書二〇一〇」

● サンデー毎日（二〇一〇）「首都圏有名四〇〇塾 塾長・教室長アンケート」二〇一〇年九月十九日号 毎日新聞社

● 岐阜県環境生活部少子化対策課（二〇一一）「孫育てガイドブック」

・Weeklyゴーゴーリサーチ（二〇一二）「祖父母の孫育て事情調査」

・日本PTA全国協議会（二〇一一）「子どもとメディアに関する意識調査」

・ベネッセ教育研究開発センター（二〇〇七）「学習基本調査・国際六都市調査報告書」

・ベネッセ教育研究開発センター（二〇〇九）「第二回子ども生活実態基本調査」

・読売新聞（二〇一二）「脱ゆとり、理数上向く」二〇一二年十二月十二日朝刊

・読売新聞（二〇一三）「首相直属“教育会議”」二〇一三年一月六日朝刊

・プレジデントファミリー（二〇一二）「サラリーマン家庭二〇〇〇世帯調査」